青少年思想政治教育读本

青少年应知晓的法律常识

陈羿竹　马　岩　编著

吉林人民出版社

图书在版编目(CIP)数据

青少年应知晓的法律常识 / 陈羿竹, 马岩编著. --
长春 : 吉林人民出版社, 2012.5
（青少年思想政治教育读本）
ISBN 978-7-206-09033-2

Ⅰ.①青… Ⅱ.①陈… ②马… Ⅲ.①法律 – 中国 –
青年读物②法律 – 中国 – 少年读物 Ⅳ.①D920.5

中国版本图书馆 CIP 数据核字(2012)第113474号

青少年应知晓的法律常识

QINGSHAONIAN YING ZHIXIAO DE FALU CHANGSHI

编　　著：陈羿竹　马　岩
责任编辑：门雄甲　　　　　　封面设计：七　洱
吉林人民出版社出版 发行（长春市人民大街7548号　邮政编码：130022）
印　　刷：北京一鑫印务有限责任公司
开　　本：710mm×960mm　　1/16
印　　张：13.5　　　　　　字　　数：160千字
标准书号：ISBN 978-7-206-09033-2
版　　次：2012年5月第1版　　印　　次：2023年6月第3次印刷
定　　价：48.00元

如发现印装质量问题,影响阅读,请与出版社联系调换。

目录 CONTENTS

1

第一编 绿色保护伞——未成年人权益保护

目录
CONTENTS
2

第一编

DI YI BIAN

绿色保护伞——未成年人权益保护

一、家庭篇

护花使者
——关于监护权

　　从呱呱坠地到咿呀学语，父母是我们的第一任老师，在我们幼小的心灵上，洒下一片成长的种子。时光荏苒，伴着我们长大的也许不只是轻声细语，关怀备至，当枝丫横斜逸出、满身伤痕时，是谁在修剪我们的凌乱，是谁在抚平我们的伤口，谁才是我们身边呵护关爱的人？

身边的故事：

　　第一则： 12岁的婷婷是个可爱的小女孩，学习成绩还不错，只是性格内向，平时不太喜欢说话。一次体检，老师发现了些不寻常的现象，婷婷几乎遍体鳞伤，胳膊上还有烟头烫过的痕迹。老师把婷婷叫到办公室，关切地问她，身上的伤是怎么回事？婷婷好半天才哭着说："都是爸爸打的！"婷婷6岁时，母亲就不在了，只有爸爸一个人抚养她。她爸爸整天除了喝酒就是打麻将，如果输了就拿婷婷撒气。直到婷婷10岁的时候，一次姑姑来看她，见婷婷实在可怜，便把婷婷接回自己家中照顾，还供婷婷念书。

老师了解到这一情况后，找到了婷婷的姑姑，认为婷婷的爸爸如此对待婷婷，给她幼小的心灵造成了很大的伤害，建议婷婷的姑姑接过照顾婷婷的义务，将她抚养成人。婷婷的姑姑很同意老师的建议，可是现在婷婷的监护人仍然是她的爸爸，不知道这种情况能不能变更监护人？

相关法律知识

婷婷的老师和姑姑由于她的父亲没有尽到监护人的责任，所以想变更监护人，那么监护人应该履行什么样的责任呢？

监护人的责任：1.保护被监护人的身体健康；2.照顾被监护人的生活；3.管理和保护被监护人的财产；4.代理被监护人进行民事活动；5.对被监护人进行管理和教育；6.在被监护人合法权益受到侵害或者与人发生争执时，代理其进行诉讼。

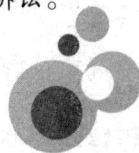

根据《民法通则》的规定，监护人不履行监护责任，或者侵害了被监护人的合法权益，其他有监护资格的人或者单位向人民法院起诉，要求监护人承担民事责任的，按照普通程序审理；要求变更监护关系的，按照特别程序审理；既要求承担民事责任，又要求变更监护关系的，分别审理。

所以由于婷婷的父亲严重虐待女儿，根本没有尽到保护其身体健康的责任，在这种情况下，婷婷的姑姑是可以通过法律程序，申请变更监护人。

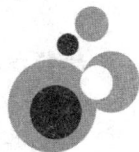

第二则：梅子是一个可怜的孩子。一次车祸夺去了梅子母亲的生命，在缺失母亲的关爱下，梅子长到了8岁，这几年和父亲的相依为命，虽然辛苦，但还算快乐。本以为这样的生活可以一直延续下去，谁知道，父亲在一次与他人发生口角的过程中将对方打伤致死，被法院判处死刑。由于父亲在执行死刑前，并没有立下遗嘱，指定谁是梅子的监护人，于是成了孤儿的梅子，整天食不果腹，无人看管。不久，经济状况良好的爷爷从外地赶来，将梅子接回家中照顾。后来，小梅父母所在单位某区某村村委会见梅子的爷爷身体健康，又具有照顾梅子的能力，便指定她的爷爷作为梅子的监护人。

梅子的外公得知后，认为梅子的爷爷年老体弱，且经济收入不高，不具备承担梅子的监护人的条件。认为村委会应当根据自己的能力和经济收入情况，指定自己作为梅子的监护人。所以梅子的外公向人民法院提起诉讼，要求人民法院撤销村委会的指定，另行指定自己作为梅子的监护人。

相关法律知识

在这则故事中，外公认为梅子的爷爷没有条件成为梅子的监护人，所以提出上诉。那么，怎样确定青少年的监护人呢？根据《民法通则》的规定，未成年人的监护人按照以下原则来确定：

1.未成年人的父母是未成年人的监护人。

2.未成年人的父母已经死亡或者没有监护能力的，由下列人员中有监护能力的人担任监护人：祖父母、外祖父母；兄、姐；关系密切的其他亲属、朋友愿意承担监护责

任，经未成年人的父、母的所在单位或者未成年人住所地的居民委员会、村民委员会同意的。

3.对担任监护人有争议的，由未成年人的父、母的所在单位或者未成年人住所地的居民委员会、村民委员会在近亲属中指定。对指定不服提起诉讼的，由人民法院裁决。

4.没有第一条、第二条规定的监护人的，由未成年人的父、母的所在单位或者未成年人住所地的居民委员会、村民委员会或者民政部门担任监护人。

在法律上，梅子的外公和爷爷均是梅子的同一顺序的监护人，都有权主张自己作为梅子的监护人。村委会指定的监护人梅子的爷爷身体健康，经济状况良好，没有对被监护人不利的因素存在。而且，从梅子父亲被逮捕以后，梅子就一直由爷爷抚养，村委会指定爷爷为梅子的监护人，并无不妥。因此，梅子的外公无权要求人民法院撤销村委会的指定，另行指定自己作为梅子的监护人。

　　青少年所处的阶段，是身体和心智成长的重要阶段，但在很多方面还不够成熟。所以只要是青少年的监护人就有责任通过正确地引导和教育，将孩子引向正途，朝阳光的方向发展。

上帝给予的爱

——关于抚养教育权

每一个人都像一块美丽的雨花石，晶莹剔透地向世人展现大自然的鬼斧神工；每一个人都是一幅精美的作品，上帝借用父母亲的手雕琢着一个个的美好。一件冬日的外衣，一句亲切的关怀，编织成爱的摇篮，让我们这一朵朵鲜艳绚丽的花，摇曳在大自然的温暖和煦中。

身边的故事：

第一则： 9岁的小志聪明懂事，不仅能熟读《三国演义》，而且还能读懂英文报纸。然而这么优秀的孩子却没有上过学，而是被父亲关在家里，进行了两年的封闭式学习。

原来小志在很小的时候，父母就离异了。小志在父亲身边长大，虽然父亲一直都很疼爱他，但是他看起来却比同龄人缺少了点什么。转眼，小志到了上学的年龄，父亲却做出了一个出人意料的决定，让孩子在家自学。在父亲的坚持下，小志没有踏进学校的大门。虽然孩子一直都在家中学习，可在英语和文学方面，却表现出了过人的天赋。

但是小志的母亲却认为应该让孩子接受正规的教育，让孩子融入老师和同学之中。在几次劝说无果后，小志的母亲一纸诉状，将孩子的父亲告上了法庭，要求变更孩子的抚养权。法院对此案作出判决：孩子的抚养权仍然归父亲，但孩子的父亲要尽快联系有关部门将孩子送到学校读书。

相关法律知识

《中华人民共和国义务教育法》明确规定"义务教育是国家统一实施的所有适龄儿童、少年必须接受的教育""凡年满六周岁的儿童，其父母或者其他法定监护人应当送其入学接受并完成义务教育"。同时义务教育是对未成年学生进行德育、智育、体育、美育、劳动教育以及社会生活指导和青春期教育。家庭、学校应当是互相配合、因材施教，促进学生的全面发展。即便小志的封闭式教育暂时奏效，但是从

长远角度看，这种方法毕竟不够系统和全面。再者，送孩子读书是父亲应尽的法定义务。所以小志的父亲应当尽快解决孩子的入学问题，使其接受全面的义务教育。

第二则：10岁的琳琳正在承受着身心的煎熬。刚刚挨了打的琳琳，独自躲到花园里哭。正巧邻居王大娘路过，看见年幼的琳琳哭得伤心，便忍不住走上前询问。"妈妈打我了！"琳琳小声地说。王大娘叹了口气，心里想，这后妈就是不行啊！

琳琳的爸爸是个普通的装修工人，妻子去世后，他带着女儿来到了这座陌生的城市。不久后，经别人介绍，认识了现在的妻子小董，小董也经历了一场失败的婚姻，身边也有个和琳琳年纪相仿的女儿。他们二人一见如故，很快就重新组建了家庭。婚后的生活很平静，小董对琳琳还算过得去，虽不及亲生母亲，但是衣食起居井井有条，琳琳和妹妹相处得也比较融洽。可谁知，祸从天降，幸福的生活刚开始，却已接近了尾声。在一次事故中，琳琳的爸爸不幸身亡，一个完整的家就这样又破碎了。

失去爸爸的琳琳本已痛不欲生，可这时继母小董突然提出因为自己的经济能力有限，不能再抚养琳琳，要把她送到孤儿院去。年幼的琳琳自然不愿意去，于是小董只要心情不好就拿琳琳出气，整日非打即骂。

王大娘看琳琳可怜，便让自己的儿子去法院那里咨询，究竟继父母有没有抚养继子女的义务？

相关法律知识

按照我国的法律规定，继父母对继子女只要形成了教育抚养关系，那么继父母对继子女所有的权利义务和对亲生子女是一样的，这是法律上的拟制血亲；如果没有形成教育抚养关系，那么只是姻亲关系，不会产生权利义务。在这种拟制血亲关系中，孩子的亲生父亲（母亲）去世了，而孩子尚未成年，为了保护未成年人的利益，已经形成教育抚养关系的继父母子女关系是不能解除的。当然，等继父母年老以后，受其抚养长大的继子女也应该承担赡养老人的义务。故事中，因为孩子的亲生父母已经去世，所以孩子的直系血亲

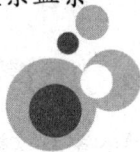

就是小董。小董不可以因为自己不是孩子的亲生母亲而拒绝抚养琳琳。

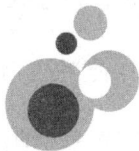

第三则： "姐姐，你说我应该怎么办？"看着眼前这个年仅10岁的小女孩，小瑶的心不禁酸了一下。孩子的天真和活泼在乐乐身上荡然无存，更多的则是眼神里的无助和恐惧。凌乱的头发，破旧的衣服，嘴角的伤痕，仿佛在述说着在这个女孩儿身上发生的悲惨。

1岁的乐乐在一个雪夜被抱到了这里。小瑶听说，好像是因为乐乐的家境十分困难，不得已把孩子送了人。从那时起，小瑶和乐乐就成了邻居。对于这个大眼睛的小孩子，小瑶很是喜欢，虽然年长15岁，但只要有时间，小瑶就会带着乐乐玩，因为她总觉得被收养的孩子，需要更多的爱。

前些天，小瑶从城里回来办事情，看见了已经上五年级的乐乐。乐乐满身的伤痕让小瑶心疼不已。"姐姐，我爸爸打我，每天都打我！还不给我饭吃！你帮我找妈妈好不好？我要自己的妈妈！"小瑶觉得不能让乐乐再过这样的生活。几番打听后，找到了乐乐的亲生母亲。在小瑶的劝说下，乐乐的亲生母亲决定把乐乐接回来。谁知，乐乐的养父竟然不同意。"我辛辛苦苦地养她十年，你们说接走就接走？给我10万块钱！"乐乐的母亲一听，不知如何是好，最后，在小瑶的帮助下，将乐乐的养父告上了法庭。究竟乐乐的母亲能否将送出去的女儿再要回来？如果想要回来，需要给乐乐养父一笔抚养费吗？

相关法律知识

根据我国法律规定，收养人不履行抚养义务，有虐待、遗弃等侵害未成年养子女合法权益行为的，送养人有权要求解除养父母与养子女间的收养关系。送养人、收养人不能达成解除收养关系协议的，可以向法院起诉。同时，在孩子未成年的情况下，如果虐待事实被确定，生父母除了可以解除收养关系，同时不需返还养父母之前的抚养费用。所以乐乐的母亲不但可以领回乐乐，并且不需要向乐乐的养父支付任何费用。

父母是孩子最信任、最依赖的人，父母的谆谆教诲对孩子的一生也将是影响最大的。对于孩子来说，不管是亲生父母，养父母，甚至继父母，都是非常重要的。所以，父母亲一定要明确自己的责任和义务，让孩子在自己的呵护下，健康快乐地长大。

谁动了我的储蓄罐

——关于财产权

　　叮叮当当，带着花环的小猪储蓄罐里发出清脆的声响，每一个声音都记录着童年的回忆。年少的我们第一次感觉到了"属于"的概念。过年的鞭炮声似乎也抵不过这种"发财"的感觉。那一枚枚硬币涂抹着年岁的痕迹，刻印着成长的酸甜。不知在什么时候，罐里的钱全部被倒出来，储进了自尊和权利。

身边的故事：

第一则： 小敏最近心情很不好，因为爸爸要和另外一个女人结婚了。下午放学回家，看见爸爸和那个女人坐在沙发上，小敏一脸不高兴地回屋了。关上房门，泪水便不由自主地滑落下来。没办法，谁让妈妈也不要我呢？爸爸和妈妈为了生意的事，总吵架，最后还是离婚了。小敏边哭边打开书包要写作业。这时突然传来一阵吵骂声。

"你休想！不是说好房子写我的名字吗？一天不到，就要换成你女儿的名字？她这么小，凭什么用她的名字？"那个女人大吵大嚷。"她是我的女儿，不就是你的女儿嘛！再说，我总觉得对不起她！她这么小，我没有尽到做父亲的责任！"爸爸的声音不大。"我不管！反正不行！再说她才上小学，没有资格成为房产所有人！"

小敏在房间里，大致听明白了爸爸和那个女人的意思。"这个房子是父母辛苦攒下的，当然不能拱手送给那个女人，再说她万一只是为了爸爸的钱怎么办？可是，我到底可不可以成为房屋产权人呢？"小敏陷入了矛盾中。

相关法律知识

未成年人是否具有房屋产权人的资格，根据《民法通则》第10条规定，公民的民事权利能力一律平等。权利能力最根本的特征就是平等性。权利能力的平等性表明未成年人与成年人都平等地享有申请房屋权属登记、处分房屋的资格，平等地享有申请房屋权属登记、处分房屋的机会和可能

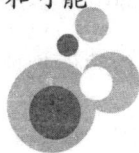

性，任何人都不能剥夺未成年人享有的这一资格。因此否定将未成年人作为房屋所有权的主体，实际上是剥夺了未成年人的权利能力，是一种错误的做法。

以未成年人名义购房且房屋产权证上的名字是未成年人时，产权人应当是未成年人本人，即使是父母也不得侵犯。根据《民法通则》第18条规定："监护人应当履行监护职责，保护监护人的人身、财产及其他合法权益，除为被监护人的利益外，不得处理被监护人的财产。"

总之，小敏是完全具有房屋产权人资格的，作为即将成为小敏继母的那个女人，是没有理由反对的。

第二则：小阳是家里的独子，自小就垄断了家里所有人的疼爱。每逢过年过节，小阳就会欣喜若狂地收到一大笔压岁钱。这在同龄人当中，绝对是件骄傲的事。不过小阳是个很懂事的孩子，细心的他把所有的压岁钱都攒了起来，托妈妈帮自己存好，至于怎么用，小阳有自己的打算。

学校开展了"一帮一"互助活动，希望孩子们都能伸出友爱之手，帮助山区无法上学的孩子继续读书。小阳是班级干部，这样献爱心的事情自然要积极踊跃地参加。放学回到家，小阳便开口向妈妈说明情况，并说自己打算把压岁钱捐一部分出去。

妈妈听完小阳的话，并没做声，过了好一会儿，妈妈才跟小阳说。原来，小阳的父母想换辆新车，可是手头的钱不够，如果向银行贷款，利息又很高。这时，小阳的妈妈想到儿子的压岁钱还有几万块，于是便取出来买了车。"要不这样，妈妈给你拿二百块钱，你表示下心意就行了！"妈妈安慰儿子说。谁知，小阳听完，气得直哭。"你生什么气啊？你的压岁钱还不是我们换回来的，你现在又没赚钱，那些根本就不是属于你的钱！"妈妈也生气地说道。

小阳想不明白，明明就是自己的压岁钱，难道自己没有支配它们的权利吗？父母这样做，是正确的吗？

相关法律知识

在现实生活中，未成年人的财产权往往受到忽视，许多父母都不承认未成年人享有财产权。他们认为孩子没有独立

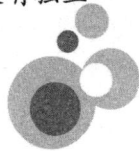

的经济能力，那么哪里还能拥有独立的财产权呢？所以实践中父母往往将本应属于未成年人所有的财产与自己的财产混同，由自己自由支配。例如，在实践中，常常有父母以未成年子女还小为由，提出为未成年子女保管其各项收入，如压岁钱、亲友所赠与的礼物等，但实际上却是据为己有，并无归还未成年人的意思。这种行为已经侵害了未成年人的财产权，即使父母声称自己之所以这样做是为了把这些钱物保存起来，作为将来子女学业之用，这种说法也是不能成立的。因为父母有义务让子女接受教育，应该从自己的财产中支出孩子的学费，而不能动用属于未成年人的财产，否则也是侵害了未成年人的财产权。实践中，监护人侵害未成年人财产权的最常见的情形，是父母或其他监护人不考虑未成年人本人的意愿而任意处分未成年人的财产。所以，故事中小阳的父母实则是侵害到自己孩子的权益。

第三则：这天，13岁的小禹和同学逛街，突然两个人看到新出的一款新式手机，可以上网、听歌，还可以玩很多智能游戏。小禹和同学都爱不释手，可是要三千多块钱，两人最后还是恋恋不舍地离开了柜台。

从那以后，小禹每天都幻想自己能拥有那部时尚的手机，就连做梦都会梦到。可惜太贵了！小禹想到那张沉甸甸的价签，便一脸沮丧。一天，同学跑来跟他说，商场搞让利活动，那款手机打九折，还说自己打算用压岁钱买下手机。小禹一听，也心动了。突然想到自己好像也有几千块的压岁钱，正好可以买手机。想到这儿，小禹兴奋不已。

第二天，小禹也没和父母打招呼，和同学拿着压岁钱，到商场买了那款漂亮的手机。回到家里，妈妈发现了儿子的手机不是以前的那部，便问是怎么回事。小禹不敢隐瞒，一五一十地说了。谁知，妈妈听后大发雷霆，"怎么能花那么多的钱买这种东西！"并拉着儿子立即到商场要求退货。商场人员认为手机没有任何质量问题，不予退货，双方各执己见。

小禹在一旁默不作声，他不明白，压岁钱不是自己的吗？为什么不能拿来买东西呢？

相关法律知识 ....

青少年的压岁钱是纯获益的民事行为，纯获益的民事行为没有行为能力限制。压岁钱是长辈的赠予，这个钱不归家长所有。但由于考虑到孩子毕竟没有完全行使财产支配权的能力，所以作为监护人，为了青少年的利益，是有权保管的。

至于商店应不应该予以退货，则要根据法律规定。根据我国现行的法律规定，不满10周岁是无民事行为能力人，10岁至18岁是限制民事行为能力人，其中满16周岁有劳动收入的人视为完全民事行为能力人。小禹消费三千多块钱的行为明显超出了能力范围，是效力待定的民事行为，需要家长同意，买卖合同方才有效。也就是说，如果家长同意，手机才可以成为孩子的，如果家长不同意，孩子与商场之间的买卖关系是不具法律效力的，商场应当退货返款。

也就是说，钱虽然属于小禹，但如果想要购买数额较大的商品，仍需经过父母的同意，不能擅作主张，这也是变相地保护青少年，以防上当受骗。

生活中的一些事情告诉大家，我们还没有完全长大，还不能完全拥有支配金钱的权利。而父母亲，作为未成年人的监护人，要切实地处理好青少年的钱财这把双刃剑，同时大可借机树立和教授孩子们理财的观念和方式，在维护孩子基本利益的基础上做出正确的处理。

松开了孩子的手
——关于遗产继承权

如果能写一封寄往天堂的信，谁会是邮差？是挥着翅膀的天使，还是驾着鹿车的老人？如果天堂的亲人们想要回家，那是条怎样的路？是天边绚丽的彩虹桥，还是多姿的云彩阶梯？天堂，你松开我的手后，又为我留下了什么？是一栋没有温暖的房子，还是一份带着牵挂、满是诀别的思念？

身边的故事：

第一则：小媛才6岁就开始经历她人生的第一场变故——家庭破碎。她不再像普通的孩子那样，节假日可以牵着爸爸妈妈的手逛公园，生日的时候可以在爸爸妈妈的呵护中吹灭蜡烛。年幼的小媛一直和妈妈生活在一起，就这样，六年过去了，她也逐渐习惯了只有母亲的生活。可不料，一年多以前，妈妈生了重病，没有办法再照顾她，小媛只好回到父亲那里。

后来，母亲去世了，小媛成了没妈的孩子，前所未有的孤独和恐惧爬满了她的心。年仅13岁的小媛，眼神里有了和她年纪不符的忧郁。爸爸也很心疼她，总是想方设法地让小媛重拾幸福和快乐。一天，小媛突然问爸爸，可不可以搬回妈妈以前住的那个房子住，因为她想妈妈了。她的爸爸这才意识到，孩子妈妈去世后，应该留有一栋房子的，于是便带着小媛去找外公外婆。

可是，外公外婆以小媛的父母早已离婚为由，将他们拒之门外。问及小媛妈妈的房子，孩子的外公外婆早已在未通知小媛及其父亲的情况下把房子处理了。小媛的父亲听了很生气，便到有关部门进行咨询。那么，小媛对妈妈的遗产到底有没有继承权呢？

相关法律知识

根据我国《继承法》的规定，我国实行遗嘱继承和法定继承两种方式。

按照遗嘱继承的方式，被继承人可以在生前立遗嘱，指定其财产由法定继承人中的一人或数人继承，也可立遗嘱将个人财产赠给国家、集体或法定继承人以外的人。有遗嘱

的，必须实行遗嘱继承，不能实行法定继承；没立遗嘱的则实行法定继承。

所谓的法定继承是指由法律规定的继承方式。法定继承遗产的顺序为，第一顺序：被继承人（即死者）的配偶、子女、父母。第二顺序：被继承人的兄弟姐妹、祖父母、外祖父母。继承开始后，由被继承人的第一顺序继承人继承；没有第一顺序继承人的，由第二顺序继承人继承。

由于小媛的妈妈生前没有立遗嘱，所以只能实行法定继承。按法律规定，小媛和外公、外婆都属于第一顺序继承人，具有同等的继承权。爸爸是妈妈原来的配偶，如果父母没有离婚，爸爸也是第一顺序继承人，但因他们已经离婚，爸爸对妈妈的遗产已失去了继承权。

但是，小媛只有13岁，属限制民事行为能力人。《继承法》第6条规定："限制行为能力人的继承权、受遗赠权，由他的法定代理人代为行使，或者征得法定代理人同意后行

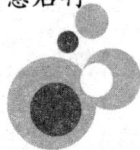

使。"小媛的法定监护人是爸爸，也是小媛的法定代理人。《最高人民法院关于贯彻执行〈中华人民共和国民法通则〉若干问题的意见》第10条规定，监护人的监护职责包括：保护被监护人的身体健康，照顾被监护人的生活，管理和保护被监护人的财产，对被监护人进行管理和教育，在被监护人合法权益受到侵害或与人发生争议时，代理进行诉讼。

可见，小媛应该享有对妈妈遗产的继承权。外公外婆没有告诉小媛而擅自处理遗产，并且没有把小媛应享有的部分还给她，是侵害小媛继承权的违法行为。而小媛的爸爸在小媛成年之前，可以暂代她保管这部分遗产。

第二则： "一个孩子，有什么权利继承遗产？再说又不是亲生的！"屋子里人很多，小明的姑姑在大吵大嚷。放学回家的小明，一个人默默地待在自己的小屋里，拿着父亲的照片，暗暗地流着泪。

"前些天我还到医院看您，您说会很快好起来的！"小明小声地嘟囔着。不久前，小明的父亲因为癌症住进了医院，懂事的小明一到周末，就提着自己煮的粥到医院看望父亲。在病房外，小明总能听见姑姑跟父亲说类似立个遗嘱之类的话，小明刚上初中一年级，这些事情他还不太明白，也没有问父亲。

没过几天，父亲就撒手人寰，只留下小明一个人。虽然父亲留下一间房子，还有一些钱，但是对于只是养子的小明来说，他根本不知道这些属不属于他，也不清楚自己还能不能住在这里，以后他该怎么办？"我恐怕要去收容所了！"小明啜泣着。"要不咱们就去法院问问，一个养子，凭什么继承我哥哥的财产？"姑姑推门进来，拉着小明要去法院。看着满脸怒气的姑姑，小明在心里不断地问，小小的我到底能不能继承养父的遗产？我今后的路要怎么走下去呢？

相关法律知识

依照我国《继承法》和《收养法》等有关规定，有收养子女的合法程序，并且在养父母死亡后，这种收养关系没有因此而解除，养子女依然是养父母的子女。养子女有权利继承养父母的遗产。可是如果收养关系解除，即养父母和养子女之间已经不存在任何权利义务关系，养父母没有抚养教育

养子女的权利和义务，同时养子女成年后也没有赡养养父母的义务，继承关系自然也就不存在。所以，小明有合法的继承权，并不像他姑姑说的那样。相反，从继承顺序上看，小明的姑姑并没有权利继承哥哥的遗产。

第三则：小英和一般的孩子不一样，别的孩子都有一个爸爸和一个妈妈，但是小英却有两个爸爸。这是怎么回事呢？原来小英在很小的时候就随着妈妈改嫁来到了继父家。后来小英的母亲因病过世了，但是小英的继父为人善良，虽然自己有一个儿子，还是视小英为己出。

在小英10岁的时候，她的亲生父亲因为经济条件还不错，提出把小英接回自己身边。虽然小英的继父也认为孩子应该回到亲生父亲身边，但是毕竟养了小英这么多年，实在舍不得。小英的生身父亲见继父对自己的孩子那么好，也就放心了，此事就此作罢，再就没提起过。

本以为小英在两个父亲的呵护下能够快乐健康地长大，但是事与愿违，继父在一次事故中不幸丧生了。小英非常难过地想回到父亲身边。可是这时，继父的亲生儿子，也就是小英的哥哥提出，应该把父亲留下的遗产问题处理一下。小英觉得奇怪，自己并不是继父的亲生女儿，就算有遗产继承权，也应该是继承亲生父亲的遗产，难道继父的遗产自己也可以继承？

相关法律知识

故事中的小英因为母亲改嫁，接受了继父的抚养和教育，同时与继父之间形成了实际的抚养关系，并且，小英的母亲是因病过世，并没有与小英继父解除婚姻关系。因此，在继承遗产方面，小英有权作为第一顺序继承人继承其继父的财产。而小英的哥哥是小英继父的亲生儿子，也是第一顺序继承人。因此小英继父的遗产应该分成两份，两个人一人一份。

而小英的想法有一部分是正确的，就是自己和亲生父亲有血缘关系，这一事实是天然的，不会随父母离异或是其他情况而发生改变。血缘关系不能够消灭，同时父母与子女之间的权利义务关系也依然存在。所以，小英在继父去世之

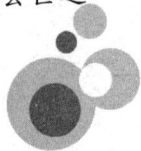

后，应该回到自己亲生父亲身边，继续接受父亲的抚养教育。同时，小英并不会因为自己继承了继父的遗产而就不能继承生父的遗产。总之，小英既有权利继承生父遗产，也有权利继承继父遗产。

每一位做父母的人都希望能够亲眼看着孩子健康地长大，但是很多事情都无法尽如人意。当天不遂人愿，父母不得不松开孩子的手时，一定带着无数难以言表的牵挂。所以，作为青少年，一定要熟知国家和社会赋予自己的权益，用其妥善地保护自己，让远在天堂的亲人们安息放心。

不能说的秘密

——关于隐私权

有些心事，不能挂在嘴边，只能藏在心灵的深处，随着时间的过往，上一道锁；有些故事不能向任何人讲，只能告诉月亮，伴着它的阴晴圆缺，沉到湖底；有些过往，滴在岁月的河流里，无法碰触，无法挽回，只能回忆，成为永久的痕迹。那些不能说的秘密，不要揭开，不要掀起，因为那是小小的我们，最宝贵的东西。

身边的故事：

第一则： 在成长的过程中，总是有些难以言表的事情，像雨花石一样，静静地躺在心灵的小溪里。我们也总喜欢把它们记在日记中，让这种真实和纯真，伴着我们一天天长大。幻想老去的自己，坐在摇椅上，翻着泛黄的日记本，那该是一种怎样的惬意回味。

小芳就是这样一个富有幻想的女孩。自小就可爱漂亮的小芳如今出落得更是亭亭玉立。和所有女孩子一样，小芳爱幻想，爱浪漫，多愁善感。在学习之余，她总是喜欢买些贴纸装点自己的日记本，那把带锁的日记装满了少女的梦。

因为小芳相貌出众，所以自从她上了初中，父母就对她管得非常严格。有时放学回来晚些，都要追问小芳去哪儿了。时间长了，小芳开始觉得不耐烦，原本可以好好回答父母的问题，后来变成敷衍了事。这下可让疑心重的父母更加提心吊胆。"是不是有什么事情瞒着我们啊？"于是两个人去学校调查了一番，发现有时小芳说的都是没有的事，而且时常回到家后，就把自己关在屋子里，也不知道在做什么。

为了慎重起见，一天，趁小芳上学不在家，夫妻俩来到女儿的房间，大面积地搜查了一番。终于在抽屉里，看到了那本粉粉的日记本。"竟然上了锁？"夫妻俩更纳闷了。最后，两个人小心翼翼地将锁头撬开，只见日记本里贴的满是花花草草，记得也都只是在学校里的琐事。两个人见没有什么实质性的发现，便作罢，将日记本放回原处。

小芳放学回到家，像往常一样回到房间。很快，她就发现自己的日记本被别人动过。父母一看瞒不住了，就承认翻看过她的日记，"一本日记而已，我们也是关心你嘛！怕你被人欺负，吃亏上当!"父母如是说。小芳却很气愤："你们想知道什么可以直接问我!为什么要看我的日记呢?这是侵犯我的隐私权,你们知道吗?"父母一听女儿这么说,就不高兴了："隐私权?你是我们生的,在我们面前,你有什么隐私?我们这么辛苦养你长大,连看你日记的权力都没有吗?"小芳看父母这么强词夺理,越想越气,越想越委屈,转身出了家门,并用力把门关上。

小芳离家出走后,一连三天都没消息,把父母急坏了,第四天早上,小芳才被民警们送回家中。父母一直都想不通,难道自己没有权力看女儿的日记吗?

第二则:"你说不说!再不说打死你!"小星的爸爸抡起棒子,重重地打在小星的身上。是什么事情让爸爸如此生气呢?原来最近几天,小星放学都回家很晚,而且周末也不在家学习,一走就是一天。小星的妈妈在外地上班,几个月才回来一次,平时家里只有小星和爸爸两个人。这几天小星奇怪的举动引起了爸爸的注意。

又是一个周末,小星不到六点就起床,收拾收拾,和爸爸说是去同学家写作业,就出门了。小星的爸爸满肚狐疑,决定一探究竟,于是也起身跟在小星的后面。小星穿过了几条胡同,坐上了公交车。小星的爸爸在后面打车跟着,生怕跟丢了。就这样,他们二人一前一后地来到了一个广场。只见小星把书包扔到一旁，找了一个石墩，坐了下来，拄着下巴，看着前面草坪上的人们。小星的爸爸更是奇怪了，儿子这时在看什么呢？草坪上大多是清晨锻炼的人们，男女老少，什么人都有。爸爸心揣着不解，回到家中。

下午快要吃饭时，小星回来了。"作业做完了？"爸爸一脸严肃地问。"哦，做完了。"小星可能因为心虚，回答得底气不足。"啪！"小星爸爸的手重重地拍在桌子上。"你给我说，你到底干什么了？去广场干什么了？不说我今天就打死你！"爸爸顺手拿起门口的棒子，打了小星一下。因为太痛，小星身体震了一下，不过他只是低着头，也不说话。爸爸更气了，就这样，一棒一棒地打在小星身上。

"您别打了！我说！"小星实在扛不住打，跌倒在地上央求父亲。爸爸停了手，等着儿子说。小星擦了擦眼泪，低声说："我，我喜欢上一个女孩！""喜欢个女孩？那你去广场干什么？"爸爸听了先是一愣，随后问道。"她每周末早上都会去那锻炼，我想远远地看着她，然后，她下午还回去，我就在那等她。"原来是这样，小星的爸爸终于放下手中的棒子，扶起小星："你现在是学习的时候，应该好好学习，这次打你记住了，以后有事不许瞒着我！"小星点点头。不过在他心中，他已经不再相信爸爸，他觉得自己的尊严已经荡然无存。

相关法律知识

看完上面的故事，我们不禁要说：家长，请尊重孩子的隐私权！每个人都有自己的隐私，也会本能地保护它，尤其是处于青春期的孩子们。家长虽然不能对其放任自流，但在处理时一定要注意方法。偷看日记、跟踪、偷听，甚至通过暴力使其说出秘密，都是极端的方式，这样做都有可能伤害到孩子的自尊心，以致造成不可挽回的后果。

隐私是指包括私人活动、个人信息和个人领域等不与公共利益、社会群体利益相关的活动。隐私权是我们每个人都享有的，有关个人生活秘密未经允许不能被公开的权利。青少年毫无例外地享有这个权利。根据我国《民法通则》的有关规定，隐私权是受到法律保护的。我国《未成年人保护法》第39条规定："任何组织或者个人不得披露未成年人的个人隐私。"第58条规定："对未成年人犯罪案件，新闻报道、影视节目、公开出版物、网络等不得披露该未成年人

的姓名、住所、照片、图像以及可能推断出该未成年人的资料。"

但是隐私权也并非在任何情况下都受到保护的。当隐私权和公共利益发生冲突时，在一定范围内就不能成为隐私。如涉嫌贪污、受贿等财产犯罪的，个人的财产，收入状况就必须接受调查；当进行征兵、招聘模特、特殊招工等活动时，个人身体状况、隐私器官等都必须接受检查。

总之，"己所不欲勿施于人"，在得到他人尊重的同时，也应该尊重别人。比如，无意中得知他人的隐私时，要秉持尊重的原则，不可大肆宣扬，以免伤害到他人。当然，作为家长，更要谨言慎行，遇事要进行多方面的考虑，注意教育的方法，因为您的一举一动都会影响到孩子的一生。而青少年自己要尽量多与他人沟通，不要封闭自己，要懂得维护自己的权益。

废墟上的花朵

——关于家庭暴力

少年的美好梦想，全部陨灭在废墟上。那一朵在瓦砾中绽放的花，孤独而绝望，昔日的一切都变成了嘲笑，就连阳光都躲进云里，投在废墟上的是一片阴影。废墟是我的归宿，不知道什么时候才能够走出去。我渴望雨露，渴望阳光，然而眼睛却被蒙上了一层厚厚的灰尘。

身边的故事：

第一则：有很多家长继承了"棍棒之下出孝子"的观念，认为拳头可以让孩子明白一切，不听话就得打。所以，有很多青少年在承受这种畸形的教育方式，在农村尤为严重。

小吴就是一个长期忍受家庭暴力的孩子。李老师刚刚来到这个村小学没多久，他却注意小吴这个孩子很长时间了。即使在很热的天气，小吴仍然长衣长裤，也很少和同学一起玩，常常一个人坐在角落里发呆。李老师总是会有意无意地找他谈心，他发现在小吴的眼中闪烁着恐惧和委屈。每到放学的时候，其他同学都争先恐后地往家跑，只有小吴一个人留在教室里迟迟不肯走。

一天下大雨，李老师看见没带伞而独自坐在教室里的小吴，"我送你回家吧！"李老师关切地说。"哦，不用不用！我自己走就行！"还没等李老师反应过来，小吴已经背起书包冲进了雨里。李老师坐在办公室，越想越不放心，决定去小吴家看看。穿过一片玉米地，前面就是小吴家所在的村子。还没到院里，离老远就听见了打骂声和哭喊声。可能是因为下雨，这些声音夹杂在雨里，显得异常凄惨。李老师三步并作两步地赶到小吴的家，看见院门都是开着的，推门进去，眼前的一幕让李老师惊呆了。

只见小吴跪在地上，书包散落在地，浑身都是湿泥，胳膊上的衣服渗出血迹。小吴的爸爸站在一旁，手里拿着鞭子，嘴里还在骂着，看见李老师突然闯进来，一时间也不知所措。"呦！老师怎么来了？这大雨天的！你看看，孩子不听话，我教训教训他！"李老师没有理小吴的爸爸，而是上前把地上的孩子扶起来。"因为什么啊？这么打孩子？"李老师边整理小吴身上的衣服，边问。"他可要气死我了！他答应我把作业写好再回来的，今天可好，作业都没写！我辛苦供他上学！他竟然不好好读书！"小吴的爸爸好像还没消气。李老师这才明白，原来放学小吴不着急回家是想写完作业。"今天下这么大的雨，回来写不也一样吗？不管怎么样，你都不应该这么打孩子！""老师你是不知道，孩子就得打才有出息！"

看着坐在一旁沉默不语的孩子，脸上是血水还是泥水已经分不清楚，隐约间能听到他低声地啜泣，李老师心如刀绞。再看看站在一旁理直气壮的爸爸，李老师竟不知如何是好。他想告诉孩子的父亲，家暴是无法一直让孩子屈服的，这只能成为孩子心理永远的阴影。

第二则：一般人都会认为家暴是指父母对子女的暴力行为。但是还有一种家庭暴力类型是指青少年对自己的亲属实施暴力行为。恐怕对于这一点，很多人都会感到惊讶，甚至不敢接受，但是这确实是现今社会的一种高频现象。

这天，心理咨询师王老师像往常一样坐在办公室里，准备着为就诊的病人答疑解难。不一会，一个中年男子走进了办公室。"你好，医生！"男人显得彬彬有礼。"请坐，这位先生，有什么事情让你感到困扰吗？"王老师轻声地问道。"哦，是的！"那个男人看起来有点紧张，王老师站起身，给他倒了杯水。"谢谢，我想跟您说说我的儿子！"王老师点了点头。

"我儿子上初中二年级。学习成绩很好，他是个很聪明的孩子，老师同学对他的评价都不错。而且我的儿子还很能吃苦，经常参加一些学校的公益活动，做义工、发传单之类的。总之，他很优秀！"王老师知道，这些都不是问题的重点，便示意他接着说下去。"可是上周发生的事情，让我们全家人都难以接受。主要还是因为上个星期的年级通考，我儿子说这次考试对他来说很重要，所以他比平时都更用功学习，晚上很晚才睡。谁知道，成绩出来了，不但没有进步，反而退步了。我们觉得一次考试不能代表什么，而且孩子已经很努力了。""然后呢？他一定有什么反常的举动吧！"王老师凭着经验猜测道。"是的！从那以后，他的脾气突然变得很暴躁。我们说什么话，稍不对他的心思，他就恶语相向。最严重的一次，吃吃饭突然不想吃了，他妈妈说他几句，他竟然把饭碗都摔在地上，把饭菜都扔到他妈妈身上。那次我也火了，打了他两巴掌，他竟然反过来打我！我真的不知道怎么办才好？孩子什么时候这么暴力了呢？"

王老师了解到这个男人的家庭生活还是很美满的。夫妇俩都是知识分子，儿子之前也很不错，但是不知道从什么时候开始竟然变成殴打父母的"逆子"了。

相关法律知识

家庭暴力是指发生在家庭成员之间的，以殴打、捆绑、禁闭、残害或者其他手段对家庭成员从身体、精神、性等方面进行伤害和摧残的行为。家庭暴力直接作用于受害者的身体，损害其健康和人格尊严。这种暴力行为常发生于有血缘、婚姻、收养关系生活在一起的家庭成员之间。如父母对子女，丈夫对妻子，还有上述故事中的，孩子对父母。

由于家庭暴力会造成死亡、重伤、轻伤、身体疼痛或精神痛苦等，所以我们要坚决禁止家庭暴力，禁止这种残忍地虐待行为。此外，法律上也明确规定了实施家庭暴力和虐待家庭成员的行为是违法的。法律还规定了相应的法律责任。实施家庭暴力或是虐待家庭成员，受害人有权提出请求，居民委员会、村民委员会以及所在单位应当予以劝阻、调解；对正在实施的家庭暴力，公安机关应当予以制止；同时，受害人提出请求的，公安机关应当依照治安管理处罚的法律规定予以行政处罚，处15日以下拘留、200元以下罚款或者警

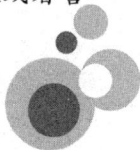

告。如果程度构成犯罪的，可以根据《刑法》第260条的规定，处以2年以下有期徒刑、拘役或者管制的刑罚；致使被害人重伤、死亡的，则要被处以2年以上7年以下有期徒刑。

现在的很多家长都认为，孩子顽劣，如果不加以管教，很难成才。于是便随意打骂孩子，甚至采用禁闭、遗弃等极端手段。殊不知，这些行为不但不会对孩子有任何帮助，相反，会严重伤害孩子的自尊和人格，甚至会造成孩子的认知偏离、情感障碍和人格障碍。就像故事里面的小吴，在父亲的打压下，很难像别的孩子那样活泼，充满生气。我国宪法规定，中华人民共和国公民的人格尊严不受侵犯。而打人是侵犯人格尊严和人身权利的违法行为，父母打骂孩子自然也不例外。但是我们要强调的是，如果家长只是偶尔轻微地打骂几下，并不构成违法犯罪。即使家暴已经构成犯罪行为，但是如果青少年并不透漏，公安机关和法院也不会进行处理。所以，青少年朋友要学会在必要时正确维护自身的权益。

在青少年懂得维权的同时，也要知道，对他人实施暴力

行为也是不正确的，不管是对父母还是对亲属，情节严重者，一样会受到法律制裁。像故事二中所讲的那样，现在的孩子都以小皇帝、小公主自居，在如此优越的条件下，依然会拿起棍棒，主要是由于教育不当、爱护过度所致。青少年学习压力大，又处于叛逆期，控制能力较弱，再加上缺乏感恩心和责任心，冲动之下就打父母。然而父母往往对孩子忍让，溺爱，这就更使他们有恃无恐，只要心情不好，父母就是发泄口。所以，作为父母，不能一味地纵容孩子的错，要增强对孩子的挫折教育和感恩教育，在学习文化知识的同时，加强德育的学习和自我激励系统，从生活中的点滴做起。

可怜天下父母心。虽然父母的初衷都是善意的，但不妨换一个角度和方式，少一些打骂，多一些沟通，少一些冲突，多一些和谐。也许这样，孩子会更快地懂得父母对自己的心意，也会更好懂得父母对自己的关爱和教育。不要让孩子成为废墟上的花朵，只有良好的家庭，才能塑造身心健康的下一代。

破碎的天空

——关于父母离异

"人之初，性本善。"每个孩子在出生的时候都是平等的。英国的教育思想家洛克很早就提到过，家庭教育一定要慎重又慎重，不可以掉以轻心，他说："教育上的错误和配错了药一样，第一次弄错了，决不能指望用第二次和第三次去补救，它们的影响是终生清洗不掉的。"可见，后天的家庭教育对于一个孩子的成长有多重要。

身边的故事：

第一则：每个孩子都希望自己有一个完整的家，都希望爸爸妈妈呵护在自己身边。可是有时候，这样小小的愿望都难以实现。

小月已经快有一年没有见过妈妈了。"妈妈，你什么时候来看我呢？"原来，在小月上小学的时候，父母就离异了，因为母亲每个月的收入不高，没有经济能力抚养她，所以，她被判给了父亲。可是父亲在外地工作，很少回家，小月便一直跟着奶奶。一转眼，小月要上初中了，奶奶的身体也每况愈下，小月的父亲为了不让奶奶劳累，便把小月送到了一所私立学校住校读书。

就这样，小月几乎每天都呆在学校里，尤其到了周末，看着其他同学都兴高采烈地回家，自己却无处可去，只能留在学校里。就连寒暑假，小月也会选择到外面做工，也许只有这样，她才能感觉自己不是一个人，孤独感才不会那么强烈。可是不管怎么样，年少的小月还是很想妈妈的，她不明白为什么妈妈不来看她，这一年里，一点妈妈的消息都没有，难道父母离婚后，连见妈妈一面的权利都没有吗？后来，小月才知道，原来是奶奶对妈妈一直有意见，不同意让妈妈来看自己。小月认为，不管大人之间有什么问题，她和妈妈见面是应该的啊！

相关法律知识

父母和子女之间的血缘关系是天然形成的，不会因为任何情况而改变。所以，父母与子女之间的关系不会因为父母离婚而消除。换句话说，即使婚姻关系解除了，但是父母双

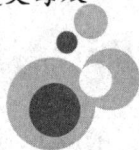

方对子女仍有抚养、教育的权利和义务。没有抚养子女的一方除了承担抚养费以外，还拥有探望权。

探望权，是指父母离婚后，没有直接抚养子女的一方与未成年子女进行会面、探视、看望、通信或者其他交往的权利。包括电话交谈、寄送照片、度假旅行或对直接抚养一方询问子女近况等情形。父母离婚后，没有直接抚养子女的父亲或者母亲，有探望子女的权利，而另一方有协助的义务。这种协助义务一般包括：本着方便探望人探望的原则，与没有直接抚养的一方协商合理探望的时间、地点、方式等，或按照人民法院的裁判协助探望。

这也是出于保护未成年人而制定的，希望孩子即使在破碎的家庭中长大，也能享受到父母最基本的关爱。所以小月奶奶的做法是错误的，她不应该因为对小月母亲的不满，而剥夺对方探望孩子的权利，这也是在变相剥夺小月与母亲正常沟通交往的权利。所以小月完全可以提出与母亲见面的要求。

第二则：新学期开学了，孩子们陆续地回到学校。王老师是学校财务处的老师，每年这个时候都是学生交学费的时候，也是最忙的时候。王老师刚去过各班查看交学费的情况，在楼梯拐角处，看见一个女孩子，坐在台阶上哭。

"这是哪个班的学生？怎么坐在这哭？"王老师心里纳闷，走过去拍了拍女孩的肩膀。那个女学生满脸泪痕地抬起头。王老师一看，原来是小蕾，去年，她教过小蕾班的语文。看见一个女孩子哭成这样，王老师心里酸酸地，"跟我来办公室吧！"王老师把女孩领到办公室。"别哭了，跟老师说说，怎么了？""王老师，我……我不知道该怎么办了！这个学期的学费，我可能交不上。"小蕾说话的声音越来越小。"怎么了？有什么难处，告诉老师吧！"

原来，去年的这个时候，小蕾的父母由于感情不和，办了离婚手续。小蕾跟妈妈一起生活。爸爸每个月都会给她们五百块的生活费，并且答应负担学费。开始的时候，爸爸每个月都会按时汇钱给她们，可是最近听说爸爸要和另外一个女人结婚了，就不再给她们生活费了。妈妈又因为工厂的效益不好，下岗了。所以，这几个月她们的生活都很困难，学费更是交不上。小蕾很想知道，她和妈妈究竟该怎么办才好？

王老师了解到这一情况，和小蕾的班主任还有她的母亲都取得了联系，认为小蕾的父亲应该按事先的商定及时给付生活费和学费。那么，小蕾的父亲和其妈妈离婚后，是不是有义务给付抚养费呢？

相关法律知识

根据《婚姻法》第37条规定，父母离婚后，对其子女仍有抚养教育的权利和义务。一方负责抚养子女，另一方则应负担必要的生活费和教育费的一部分或是全部。负担费用的多少和期限的长短，由双方协议；协议不成时，由人民法院裁判。同时，根据《未成年人保护法》第52条规定，人民法院审理离婚案件，涉及未成年子女抚养问题的，应当听取有表达意愿能力的未成年子女的意见，根据保障子女权益的原则和双方具体情况依法处理。以此来保护未成年人的合法权益。

离婚双方中没有抚养子女的一方支付的抚养费的范围包括子女的生活费、教育费、医疗费等。而且抚养费的给付期限，一般应至子女18周岁为止。但是16周岁以上不满18周岁，以其劳动收入为主要生活来源，并能维持当地一般生活水平的，父母可以停止给付抚养费。同时，在必要的时候，

子女也是可以要求增加抚养费用的。当原定抚养费数额不足
维持当地的实际生活水平或者是因为子女患病、上学等，实
际需要已超过原定数额时，都应增加抚养费。

可见，即使小蕾的父亲不履行义务，小蕾也不需要太担
心。小蕾的父亲不但应该按事先商定的给付抚养费，而且小
蕾还可以因为自己母亲下岗暂时没有生活来源，要求父亲提
高所给付的抚养费用。如果父亲拒绝，小蕾可以通过向法院
起诉要求父亲给付。

孩子是祖国的花朵，本应拥有一片纯净蔚蓝的天空。但是当孩子
不得不承受一片破碎，也要请父母亲尽可能地保护孩子，不要让他们
受到伤害。因为在那一个个幼小的心灵深处，正有很多种子在萌发，
也许会长出善良的枝苗，也许一不小心，就会结出罪恶的果实。

二、学校篇

失衡的天平
——关于教育的不公平

"一个支点，两个端点，蓦然地撑起左右的平衡。一个端点，两段人生，宛然地架起生命的天平。"教育的天平，由老师的善良之举撑起。良心的砝码，左右着两端的公平。如果将砝码加重，那么会因此增加很多善良之举。但是，如果忽略掉了砝码的重量，那么这座天平恐怕就会崩塌，而且受伤害的，都是些幼小的心。

身边的故事：

第一则：一天，校长办公室来了几个怒气冲冲的家长。校长虽然看见这些家长满脸怒气，但还是客气地接待了他们。"请问有什么事吗？"校长问道。"我们是学生的家长，对于学校的一些做法，我们有些不满。"家长们说道。接下来，大家便纷纷抢着说。等大家说完，校长明白了各位家长的意思，"对于大家的意见，我们校方会认真考虑的，请大家放心，不管怎么做，我们都会把孩子放在第一位。"

到底什么事会引起家长们这么兴师动众地集体找到学校呢？原来是因为学校刚刚搞的分班制惹的祸。学校的初二年部一共有19个班，学校以因材施教的名义，在开学时进行了一次分班考试。所有的学生都要参加语文、英语、数学的考试，然后按成绩将学生们分为实验班和普通班两个层次。分班之后，实验班有4个，一班和二班都是由年纪排名前一百名的学生组成，三班和四班有一部分是按名次排进来的，还有一部分就要看学生家长的力度了。其他的都是普通班。实验班配备了学校最好的老师，无论是学校的什么活动，实验班的同学都有一定的特权。学校说明了是实行滚动制，也就是说，每次考试都会重新排名，根据排名会重新分班，以此激励学生的上进心。但是实际上却不然，由于有些同学有关系有钱，根本不受滚动制的影响，所以，每次调整，都只是几个学生在换来换去，大部分的学生还是固定的。

这次来的几位家长的孩子都是普通班的学生，还有一个就是在每次考试之后被换来换去的学生。"学校这么做，非常伤害孩子的自尊心和自信心！""这么做简直就是不公平，我们一样交学费，为什么不能受到公平的教育？""我家孩子一会儿实验班，一会儿又调到普通班，这对他的学习有很大影响！他以前学习很稳定，现在根本提不起兴趣！"家长们的诉苦，让校长很为难。那么，学校的这种分班制的做法究竟正不正确呢？

相关法律知识 ....

《教育法》规定受教育权是要公平的。我国开展的素质教育也是面向全体学生，提高全体学生的综合素质。重点校、重点班，把学生分成三六九等现象，不利于教育体系的均衡发展。然而很多家长面对学校的这一做法，却无奈选择服从，争先恐后、绞尽脑汁地将孩子送到重点校、重点班，而那些无能为力的孩子们，就只能接受"普通"教育。这不仅不利于中考招生的选拔，也不利于学生的身心健康，尤其是对于九年制义务教育来说，这更是一种极不公平的做法。所以，教育部门一直反对这种分校制、分班制。

根据《义务教育法》第22条规定："县级以上人民政府及其教育行政部门应当促进学校均衡发展，缩小学校之间

办学条件的差距，不得将学校分为重点学校和非重点学校。学校不得分设重点班和非重点班。县级以上人民政府及其教育行政部门不得以任何名义改变或者变相改变公办学校的性质。"第53条规定："县级以上人民政府或者其教育行政部门有下列情形之一的，由上级人民政府或者其教育行政部门责令限期改正、通报批评；情节严重的，对直接负责的主管人员和其他直接责任人员依法给予行政处分：（一）将学校分为重点学校和非重点学校的；（二）改变或者变相改变公办学校性质的。"可见，该学校的做法是违反教育法的，学生的家长可以向学校提出并要求其改正，还可以向当地的教育系统主管部门反映情况，及时切实地纠正学校的错误。

教育不公平的现象不仅会造成孩子的折翼，而且会加深社会矛盾，乃至影响整个社会的发展进程。所以，我们要积极立法，用法律保障教育的公平，保护青少年受教育的权益。只有全社会都共同行动，才能有效消除教育这一不公平的现象。

摘下善良的面具

——关于体罚侮辱学生

教师，是太阳底下最光辉的职业。老师在每一个孩子心目中都是最神圣的，最善良的。老师的每一句鼓励，每一个笑容都会激励孩子奋发图强，积极向上。同样，老师的每一回批评，每一次严厉，也都会在孩子心中留下未知的伤。士不可以不弘毅，师不可以不德高。只有高尚的师德和健全的人格，才能用自己独特的魅力和渊博的学识去教育感染学生，做学生健康成长的指导者和引路人。

身边的故事：

第一则：一天中午，林女士在家中准备好午饭，等着女儿放学回家吃饭。可是等了好久，女儿才回来。"怎么回来这么晚？快来吃饭吧！"林女士催促着。女儿没说话，坐在饭桌旁边，迟迟不肯动筷。"怎么了？怎么不吃饭呢？是不是哪里不舒服？"林女士看女儿有点反常，不禁有些担心。"妈妈，我手疼，不敢拿筷子！"女儿小声地说。林女士抓过女儿的手一看，只见女儿白皙的手掌又红又肿，还有清晰的血道，像是用板子打的。"这是谁打的？怎么回事啊？"林女士急了。"英语老师让默写单词，默写不出来就打手板，错一个打一下！数学老师也打，差多少分满分，就打多少下，我一共被打了二十多下！"

林女士一听，气坏了。下午，她就带着女儿找到学校，她认为，学生学习不好，题不会做是难免的，作为老师，应该耐心地教授，而不应采用体罚的方式。这样下去，孩子会被打怕，甚至会厌学。学校的领导很重视，到林女士女儿所在的班级了解情况，班上的四十多名学生，几乎都有被老师打过。英语老师也坦率地承认自己确实打过学生，那是因为上课的时候他们没有纪律性，总是吵吵闹闹的，如果不让他们安静下来，那会影响到别的同学学习。数学老师也强调不给学生施加压力，学生就不会有动力。

第二则： 如今的小军已经上小学六年级了，看着眼前目光呆滞、反应迟钝的孩子，谁都想象不到，两年前的小军是一个性格开朗、活泼大方的孩子。父母看着自己的儿子终日不言不语、神情恍惚，他们心如刀绞，不知如何是好。

　　这话还要从两年前说起。读四年级的小军，学习很努力刻苦，虽然成绩平平，但是却是父母眼里的乖孩子。这天班级开班会，小军忘记了穿校服，班主任李老师非常生气，先是当着全班同学的面打了小军几个耳光，然后让他一直站到放学。本来以为这件事就此过去，谁知这才是一个开始。

　　从那以后，李老师就看小军不顺眼，有时候他作业做错或是忘带什么东西，轻则几个耳光，重则拳打脚踢。其实李老师并非针对小军一个人，班上很多同学都挨过这样的"教育"。最严重的一次，因为小军作业没完成，眼镜被李老师摔得粉碎，脸也被打得红肿不堪。

　　时间长了，像小军这样经常挨老师打的学生渐渐被其他同学疏远。小军的父母察觉出孩子的变化，找到了学校，认为老师这种暴力的管教行为严重伤害了孩子。学校也严重处分了李老师。但是小军并没有因此走出阴影。相反，小军的精神一直处于惶恐之中，常常独自发呆，害怕见人，经常做噩梦，还幻觉性地把老师想象成怪兽，形成恐惧、厌学的心理。父母带孩子去医院检查，小军被诊断为反应性精神病，与被打体罚有关。

相关法律知识

俗话说：严师出高徒。但是这个"严"字并非"打罚"的意思。在很多中小学，老师都会采取体罚的教育方式，认为以这种方式惩罚不守纪律或是不用功学习的学生是最有效的。殊不知，这不仅损害了孩子的身体，更伤害了孩子的人格尊严。

《中华人民共和国未成年人保护法》第21条规定："学校、幼儿园、托儿所的教职员工应当尊重未成年人的人格尊严，不得对未成年人实施体罚、变相体罚或者其他侮辱人格尊严的行为。"《义务教育法》第29条规定："教师在教育教学中应当平等对待学生，关注学生的个体差异，因材施教，促进学生的充分发展。教师应当尊重学生的人格，不得歧视学生，不得对学生实施体罚、变相体罚或者其他侮辱人格尊严的行为，不得侵犯学生合法权益。"《中华人民共和国教师法》第37条规定："教师有体罚学生，经教育不改的，由所在学校、其他教育机构或者教育行政部门给予行政处分

或者解聘。情节严重，构成犯罪的，依法追究刑事责任。"《教师资格条例》规定：品行不良，侮辱学生，影响恶劣的，由县级以上人民政府教育行政部门撤销其教师资格。

同时，根据《未成年人保护法》《教师资格条例》和《义务教育法实施细则》的有关规定，老师用暴力手段惩罚学生，针对不同情节，将给予老师不同的处罚：（1）老师偶尔轻微惩罚学生，不是违法行为，由学校对老师进行批评教育。（2）体罚或是变相体罚的老师，情节严重的，由学校或县级以上人民政府的教育行政部门予以行政处分，或由公安机关予以行政处罚；造成恶劣影响的，撤销教师资格。（3）体罚学生造成严重后果的，构成犯罪，追究其刑事责任。（4）体罚学生使学生受到伤害的，学校和老师都应承担赔偿责任。

第三则：女儿的一纸遗书让孙家夫妇陷入了极度的悲痛之中。小龄是初中二年级的学生，性格有点内向，但是知书达理，乖巧懂

事，孙家夫妇不知道，到底是什么夺取了女儿年轻的生命。

打开小龄的遗书，娟秀的字体印着点点泪痕。"爸爸妈妈，原谅我的不孝，不能够在你们身边长大，是我今生最大的遗憾。可是我已经承受不了老师给我带来的伤害和侮辱，我没有脸活在这个世上。"

原来在一天早上，小龄因为闹铃坏了，睡过了头。她急急忙忙地赶到学校，还是迟到了。"干什么去了？不知道迟到要扣分的吗？"汪老师生气地问道。小龄憋红了脸，没说话。随后，汪老师把小龄叫到办公室，先是数落她成绩下降，不思进取，接着又用木板敲打小龄的胳膊和腿，整整训斥了一个多小时。"瞧你那副样子，学习不怎么好，竟知道臭美！就你这德行，以后做小姐都不够格！"小龄听了这话，更加委屈地哭出了声。"还有脸哭？滚回去！"汪老师怒斥道。小龄回到了班级，一直哭到下课。当天下午，小龄就留下遗书，从学校教学楼跳下，结束了自己如花般的生命。

"老师没有给我说话的机会。我不知道该怎么面对同学，面对自己。我害怕见到他们！死是我唯一的选择！"拿着孩子的遗书，孙家父母已经没有气力去和老师理论。而汪老师，当着第三人面，实施侮辱行为，具有法律所规定的"公然"性，是导致小龄跳楼自杀的直接原因，其行为已经构成侮辱罪。

"把孩子骂醒"是当下不少老师采取的教育方式。"蠢猪、笨蛋"之类的词语经常会出现在老师的口中，虽然有的老师在恨铁不成钢的心态下，语言难免会过激些，但是青少年的心理正处于敏感期，这些语言会严重侮辱孩子们的人格。所以，青少年要学会用法律武器保护自己。

侮辱罪，是指使用暴力或者以其他方法，公然贬损他人人格，破坏他人名誉，情节严重的行为。行为的主要手段有：（1）暴力侮辱人身，这里所讲的暴力，仅指作为侮辱的手段而言，而不是指殴打、伤害身体健康的暴力。如果行为人有伤害他人身体健康的主观意识和行为，则应以伤害罪论处。（2）采用言语进行侮辱，即用恶毒刻薄的语言对被害人进行嘲笑、辱骂，使其当众出丑，难以忍受，如口头散布被害人的生活隐私、生理缺陷等。（3）文字侮辱，即以大字报、小字报、图画、漫画、信件、书刊或者其他公开的文字等方式泄漏他人隐私，诋毁他人人格，破坏他人名誉。

公然侮辱他人的行为要达到情节严重才能构成本罪。所谓的情节严重，主要是指手段恶劣，后果严重。如故事三中小龄因受辱而自杀，就已经达到了后果严重，因此并非一般的侮辱行为，已经上升到追究刑事责任的程度。

教师，不仅是一种职业，更是一种事业。作为神圣的教师，不仅要对孩子一视同仁，还要具备最基本的职业道德，那就是要尊重孩子的人格。青少年的性格可塑性强，容易认识到错误，也会努力改正。教师对学生要采取教育和保护相结合的原则，耐心地帮助教育，只有这样，才能以一名合格的教师身份，站在讲台上。

没有风景的净土
——关于校园安全

年轻的篮球场上，肆意挥洒着我们热情的汗水；干净的操场上，欢乐的笑声响满整个天空；宁静的树林里，低声窃语地彼此交换心事。美丽的校园，是我们放飞梦想的地方；纯净的校园，是我们渴望避风的港湾。那一处处角落，都装满了年少的回忆，那一抹抹风景，都点缀在我们人生的路上。可是不知在何时，我们的风景渐渐地变成黑白色，暗淡无光，正在落幕于人生的舞台。

身边的故事：

第一则： "这简直是昂贵的猪饲料！"小贺向妈妈抱怨着。"你给我钱，我自己买着吃！学校周围有挺多好吃的呢！"这回真是让妈妈为难了，本来以为吃学校的午餐，卫生又安全，应该省去很多担心和麻烦。谁知，学校午餐竟然如此差劲。

第二天，校长办公室来了几位家长，小贺的妈妈就是其中一位，大家对学校中午的伙食都提出了强烈的不满。"我们一个月交三百多块钱，孩子什么都吃不到！""有一次，在饭里竟然有枚铁钉，这要是真出点事，谁来负责？""孩子正是长身体的时候，需要营养，午饭很重要，吃得不好，下午怎么学习？""我家孩子每天被逼着去外面吃，前天都得急性胃肠炎了！学校应该负责！"家长们纷纷诉苦。校长也表示，这种不卫生不安全的情况确实存在。前不久，还出现过初一班级集体中毒事件。对于解决学校午餐的问题，确实应该提上日程了。那么，对于学生的营养餐，或是间餐，有没有一个明确的标准或是相关的保障呢？

相关法律知识

随着一系列的校园食品安全问题发生与曝光之后，学校的食品安全得到了越来越多的社会关注。"吃得营养，吃出健康"是家长和学生普遍关心的问题。《学生集体用餐卫生监督办法》第5条规定："学生普通餐、学生营养餐、学生课间餐生产经营者应向所在地县级以上卫生行政部门领取卫

生许可证。学生营养餐的生产经营者，其卫生许可证中必须有获准'学生营养餐'的许可项目。未领取卫生许可证者不得生产经营学生普通餐、学生营养餐和学生课间餐。"第7条规定："学生营养餐生产经营单位除应符合上款要求外，还应配备专（兼）职营养师（士），或经培训合格的营养配餐员。厨师须经食品卫生和营养知识培训，取得合格证后方可上岗。"第8条规定，学生集体用餐必须采用新鲜洁净的原料制作，严禁使用《食品卫生法》第9条规定禁用的食品制售学生普通餐、学生营养餐和学生课间餐。食品、包装材料或容器必须符合卫生标准和规定，膳食要保持一定的温度。此外，学生营养餐每份所含的热能的营养素应达到营养要求，学生营养餐的烹调应注意减少营养素的损失。

《学校卫生工作条例》第9条还规定了："学校应当认真贯彻执行食品卫生法律、法规，加强饮食卫生管理，办好学生膳食，加强营养指导。"《学校食堂与学生集体用餐卫

生管理规定》第12条规定：学校分管学生集体用餐的订购人员在订餐时，应确认生产经营者的卫生许可证上注有"送餐"或"学生营养餐"的许可项目，不得向未经许可的生产经营者订餐。要严把供餐卫生质量关，要按照订餐要求对供餐单位提供的食品进行验收。

同时，学校要及时处理食物中毒问题，并追查原因。如果是生产单位问题，不仅要果断更换提供学生餐的单位，而且要向卫生行政管理部门反映相关情况。"校外流动摊点的食物确实没有保证，对学生的健康很不好。"有的家长提到这个问题。事实却是如此，校外摊点一般都是流动性质的，几乎没有卫生许可证，提供的食品也多半是油炸、速成食品，存在很大的安全隐患。所以，只有学校的餐食能够充分满足学生的需要，才能从根本上抵制"流动餐"的进入。

孩子是我们的希望，是我们的未来。孩子的健康必须要得到牢固的保护，这是全社会共同的责任。希望在我们共同

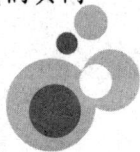

的努力下，健康食品能够走进校园，走进孩子们的世界。

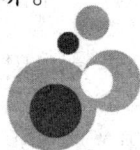

第二则：小凤刚刚转到这所私立学校，刚一踏进校门，小凤就被这所占地一百二十多亩的私立中学所吸引住了。气势不凡的五层教学楼，楼顶覆盖着琉璃瓦，在阳光下闪闪发光。

小凤和其他同学一样，晚上在学校住宿。这样的生活，对她来说充满了新鲜感。每到晚上9点10分，下晚自习后，小凤就会和宿舍的同学穿过"回"字形的走廊，通过一处与宿舍楼最近的楼梯口，回到寝室。可是因为这个通道离寝室最近，一到下课的时间，就人潮汹涌。

一天晚上，外面下着瓢泼大雨，小凤照例和同学打算通过楼梯口回宿舍。可能是因为下雨，学生们都争先恐后地抢着回宿舍。小凤她们刚从4楼的教室走到3楼楼梯口时，发现好多同学挤成了一团。人流缓缓挤到2楼至1楼的楼梯间，拥挤变得更加厉害。突然，有七八个人摔倒在楼梯间的平台上。前面的学生摔倒后，后面的学生还以为前面有人在故意拦他们，于是拼命往前挤。小凤突然感到被人从背后猛然一推，往前便倒。危急时刻，她用右手撑在地上，头顶在一个靠在墙角的同学的脚上，身体下面还有一个同学，上面也有一个同学压着她。

小凤因为自己无法脱身，心里十分害怕。后来看见不停闪动的手电光，知道是老师来了，心想这下有救了。终于，在老师的疏导下，楼道恢复了正常。但是事后，小凤才知道，不是所有的学生都像自己那么幸运。邻班的小吴被挤压昏迷后，学校老师将他送到医院，经医院初步诊断，后脑出现骨裂，头皮有淤血。还有几个同学，竟然因此失去了生命。

不久，小凤就转离了这所学校。她无法忘掉那天晚上所发生的一切，这也许会是年轻心灵上永远的伤痛。

相关法律知识

"今天我把孩子交给你，明天你会还我怎样的一个呢?"这是台湾作家在送孩子走进校园时说的话。可能所有的家长都是这么想的。一次学校安全事故，失去的却是年轻的生命，这个代价未免太大太惨痛了。学校如何采取措施防

止各种安全事故的发生，已经成为世界性的研究课题。

根据《未成年人保护法》第22条规定："学校、幼儿园、托儿所应当建立安全制度，加强对未成年人的安全教育，采取措施保障未成年人的人身安全。"《教育法》第44条规定："教育、体育、卫生行政部门和学校及其他教育机构应当完善体育、卫生保健设施，保护学生的身心健康。"《学生伤害事故处理办法》第32条："发生学生伤害事故，学校负有责任且情节严重的，教育行政部门应当根据有关规定，对学校的直接负责的主管人员和其他直接责任人员，分别给予相应的行政处分；有关责任人的行为触犯刑律的，应当移送司法机关依法追究刑事责任。"

关于学校常见事故，学校应该在以下几个方面保证学生安全：（1）学校的校舍和通道、楼道在设计施工时就应尽可能考虑到学生的规模和容纳能力，这是保持通道符合使用要求的基本条件。（2）学校应尤其注意通道及楼道的路面

是否平整、电灯是否正常，并尽可能不要在这些地方的拐角设置商店、电话书报亭、信息栏等容易造成学生汇集的设施，以免使正常和安全的通道秩序发生混乱以致发生事故。

（3）在发生拥挤的时刻，应该有老师在现场维持秩序。

校园安全问题是特殊环境中的特殊问题，所以应该制定一部校园安全法，以有效保障学生的安全和生命，同时安全法也可以涉及校园安全的方方面面，使校园安全管理规范化，并会在很大程度上降低隐患，预防悲剧发生。

第三则： 下午第一节是初二年级一班的化学实验课。学生们对做实验都充满了兴趣和好奇，早早地就在实验室准备就绪。周老师正在化学实验台指导学生们做化学实验。这节课主要是熟练酒精灯的使用方法。周老师在实验前讲解了实验过程，演示了操作方法，但是讲述中，老师没有强调使用酒精灯时的注意事项。

学生听完老师的解说，便开始动手操作而周老师在一旁做巡回指导。小曾同学用火柴试图点燃酒精灯，可是点了几次都没有成功。小曾有点失去耐心，他就干脆直接用自己的酒精灯到邻座小丹的酒精灯上借火。这种做法严重违反了操作规定。只听"嘭"一声，酒精溅到了小丹同学身上，火立刻借着四处流动的酒精在小丹身上燃烧起来。周围同学都吓坏了，急忙跑上来帮助灭火，最后，周老师用大块湿毛巾将小丹着火的地方盖住，火才被熄灭。

结果，小丹的手臂被大面积烧伤，并因此无缘当年的中考考试。小丹并没有违规操作，却成为了受害者，使学业和身心都受到了不良影响。这是一起由于老师未强调安全注意事项所引发的事故，学生虽然熟知实验过程，但是毕竟不经常做实验，所以老师应该更加注意实验的安全细则，以确保学生的安全。

相关法律知识

随着我国素质教育的发展，学校越来越注重学生的动手能力，所以各地中小学都很强调实验室的管理和建设。自然，实验室中的安全隐患也是应当予以重视的。

根据《中小学幼儿园安全管理办法》第22条的规定："学校应当建立实验室安全管理制度，并将安全管理制度和操

作规程置于实验室显著位置。学校应当严格建立危险化学品、放射物质的购买、保管、使用、登记、注销等制度，保证将危险化学品、放射物质存放在安全地点。"第27条中强调："学校应当建立安全工作档案，记录日常安全工作、安全责任落实、安全检查、安全隐患消除等情况。安全档案作为实施安全工作目标考核、责任追究和事故处理的重要依据。"第40条规定："学校应当针对不同课程实验课的特点与要求，对学生进行实验用品的防毒、防爆、防辐射、防污染等的安全防护教育。学校应当对学生进行用水、用电的安全教育，对寄宿学生进行防火、防盗和人身防护等方面的安全教育。"

学校一方面要根据有关规定制定实验室适用的规定，保证教师和学生人人知晓，同时还要让学生树立相关的意识，这样既有利于保障实验室安全，又有利于实验室的整体管理。教师也要增强安全意识，认真讲解有关的注意事项，排除安全隐患，真正地做到保护学生安全和学校的财产。

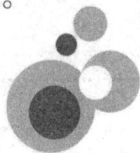

第四则：随着城乡教育的发展，越来越多的农村孩子可以到县城来读书，接受更好的教育。这样一来，住宿的学生逐渐增多，学校的住宿安全管理也逐渐变得越来越重要。

自小学习成绩优异的小凡，如愿地考上了县重点中学。一个新的环境，一个新的起点，更加激发了小凡刻苦学习的上进心，小凡决定再接再厉，考上优秀的高中，光耀门楣。

因为家在很远的村子，为了上学方便，小凡决定在学校住宿。学校的宿舍楼是旧的教学楼临时充当的，条件自然比较艰苦。宿舍里没有什么摆设，只有三套上下铺，床铺都是很旧的木质床。小凡想，自己能吃苦，反正就是睡个觉，条件差点没关系。谁知，可能是没有睡惯上铺，或是因为床的挡板年久失修，这天夜里，小凡在睡梦中不慎从上铺的床上跌下来受了伤。同学发现后，并及时将小凡送到医院。经医生诊治，小凡的右股骨折。经司法鉴定，小凡的伤残程度为10级。出院后，小凡认为学校未尽到安全管理义务，将学校告上法庭，要求赔偿。那么，对于这一突发状况，学校是否应该负责并对其赔偿呢?

相关法律知识 ....

　　学校对学生不仅有义务提供教学方面的设施，也有义务提供安全的住宿设施。

　　《学生伤害事故处理办法》中提到，如果学校的校舍、场地、其他公共设施，以及学校提供给学生使用的学具、教育教学和生活设施、设备不符合国家规定的标准，或者有明显不安全因素，学校应当依法承担相应的责任。

　　所以，小凡因为学校的宿舍设施年久失修而受了重伤，学校是有责任承担事故责任的。这也告诉我们，如果遇到学校住宿设施不完善不安全，应及时向学校公寓管理部门反映，并要求学校更换或改进相关设施。如果遇到有事故发生，我们应该协助管理人员将伤者送往医院，并在设施更换或改进之前注意自身安全。

幸福已转弯
——关于学生伤害事故

　　人生的轨迹，曲曲折折，沿路或是花香鸟语，或是悬崖峭壁，不过不管怎样，柳暗花明，都是通往幸福的方向。可是，当一片片落花随水逝去，一声声的低音在哭泣，我们发现，幸福早已经将舵盘转向。

身边的故事：

第一则： "别打了！别打了！"课间十分，初一年级的小帅和小其因为一点小事打了起来，不过很快便被同学制止了。"你给我等着！"小帅放下一句狠话，扭头回教室了。

　　下午上体育课，小其一个人在篮球场打篮球，这时，突然飞过来一个球，正打在小其头上，小其捂着头回头看，原来是小帅扔的球。小其气不过，放下篮球，追打小帅。他边追边打，小帅也时不时地停下来还手，就这样，两个人一直纠缠到教学楼附近。这时，小其一个不留神跌倒在地，腹部撞到了过道斜坡沿角上。

小其跌倒后，小帅有点害怕，急忙将他背到校医务室。医务室的老师观察了一会躺在病床上的小其，发现他有呕吐、心跳慢、血压低等症状，觉得有些严重，当即把他送到医院急救。

经医院诊断，小其那一撞，将脾脏撞裂，并确认胰腺断落了三分之一，造成了终生内残。小其的父母伤心欲绝，为了给孩子看病，付出了全部家当。事情发生后不久，小其的家人认为，学校对自己的孩子在学习期间没有及时保护而造成了这样的后果，学校应该承担全部的医疗费用。

相关法律知识

学生伤害事故，是指在学校实施的教育教学活动或者学校组织的校外活动中，以及在学校负有管理责任的校舍、场地、其他教育教学设施、生活设施内发生的，造成在校学生人身损害后果的事故。但是，值得一提的是，判断是否构成学生伤害事故的标准，关键是看事故是不是在学校组织的教育教学活动或者学校有管理责任的范围之内。所以，不能机

械地认为伤害事故只能发生在校园内或是只能发生在上课和课间休息时。

这则故事中，根据我国有关处理学生伤害事故的法律规定，由于学校的疏忽或者过失，在教育、管理和保护学生时没有尽到法定的义务，而造成的学生人身伤害事故，学校应承担其法律后果。但是这次事故并不属于学校责任事故，主要是因为事故是在小其无视学校纪律、实施相互斗殴的情况下造成的。对此，学校没有违反法律规定，不必负法律责任。因而可以说，学生小其的自身过错是造成伤害的主要原因，对于他的损害，应当由他的监护人承担责任。此外，小帅的家人也应该承担一定的赔偿责任。

第二则： 夏日午后，本来晴空万里的天，说变就变。顿时狂风大作，豆大的雨点夹着冰雹从天而降。某小学在下午3点50分放学时，天空还在下雨。由于当地是山区，山上的植被破坏严重，每每遇到阴天下雨这所小学通往村内的道路晴天是路、雨天便是河，而且河水湍急，不容易通过。

学校放学后，9岁女孩小娟自己独自回家。在雨中踉踉跄跄地小娟，一手打着雨伞，一手拎着书包，好不容易走出二三百米。"前面的路更不好走，不过快到了！"雨水遮住了小娟的视线，小娟干脆将雨伞收起来当拐棍使。谁知，当走到河中间的时候，小娟被什么东西绊了一下，栽进了河里。雨伞已经顺水漂走了，小娟本能地大声呼救。可是她越喊，水越不停地往嘴里灌。小娟抓着书包一直拼命地划，也许由于书包灌水后太重，终于将小娟拽进洪水中。

小娟的家人痛不欲生，他们认为学校对学生负有教育、管理、保护的责任，面对如此恶劣的天气，学校却没有对学生采取任何保护性措施，存在严重过错，应当承担民事赔偿责任。

学校知道这件事后辩称，当日放学时，班主任老师已安排小娟和3名同学结伴同行回家。走出校门后，小娟却没有与他人结伴走，一人单独向家跑去，不幸身亡，学校无过错，不应担责。

相关法律知识

《学生伤害事故处理办法》第12条规定："因下列情

形之一造成的学生伤害事故，学校已履行了相应职责，行为并无不当的，无法律责任：（一）地震、雷击、台风、洪水等不可抗的自然因素造成的；（二）来自学校外部的突发性、偶发性侵害造成的；（三）学生有特异体质、特定疾病或者异常心理状态，学校不知道或者难于知道的；（四）学生自杀、自伤的；（五）在对抗性或者具有风险性的体育竞赛活动中发生意外伤害的；（六）其他意外因素造成的。"

根据上述规定，学校看似应该不承担责任，因为法律中没有规定学生放学途中属于学校管辖范围，学校也没有义务配备专门人员护送学生，学校对放学途中发生的人身损害一般不应当承担责任。但是，面对当天特殊的自然灾害性天气，面对从学校通往学生家的道路被大雨淹没、很难前行的特殊情况，学校应该预见到学生在放学途中有可能发生意外人身损害的事件，应当对学生进行管理，对学生的安全进行保护和注意。实际上学校已预见危害可能发生，进而作了一

些布置和安排，但因疏忽大意导致了小娟自己回家并发生不幸，故学校应该承担次要的过错责任。法院判决学校赔偿小娟家长四万余元。

第三则：一天傍晚，中学的教学楼灯还都亮着，快要考试了，学校加了两节晚自习。门卫秦老师见学生还没放学，便起身出去上厕所。这时，几个社会上的年轻人偷偷溜了进去。

下课铃响了，学生们陆陆续续地走出教学楼。突然，操场的西北角传来一阵骚乱声，紧接着几声嘶喊声，围观了许多同学。"不好了！打仗了！""流血了，快来人啊！"不一会儿，挤在前面的几个同学大喊。原来，刚刚偷溜进来的几个年轻人因为和初二年级的两名同学在网吧里发生了一些不愉快，便借机寻仇。在殴打的过程中，一个年轻人将一名学生刺倒在地，那名同学因流血过多，送到医院的时候，已经停止了呼吸。

这件事在学生和家长中引起了很大的反响，大家对学校周边的治安环境深表忧虑。校长在谈到这个问题时也表示很无奈："学校的学生比较多，周边的网吧、娱乐场所也比较繁多。虽然校门口有警卫室，但是由于警力紧张，已经很久没有民警到学校值班。现在在学校门卫值班的是学校临时指派的体育老师。"那么针对这次事故，学校有责任承担事故后果吗？

相关法律知识

根据《学生伤害事故处理办法》规定：学校的安全保卫、消防、设施设备管理等安全管理制度有明显疏漏或者管理混乱，存在重大安全隐患，而未及时采取措施的，学校应当依法承担相应的责任。本次事故中，由于学校的门卫管理形同虚设，才使得不法分子有机可乘。所以，学校因安全保卫措施薄弱而导致学生在校内遇害，学校应对此承担法律责任。

那么，学校应该怎么做才能避免类似的事故再次发生呢？一、学校要构建安全工作保障体系，门卫、食堂、宿舍等场所要指定人员负责，全面落实岗位责任制和事故责任追究制，保障学校安全工作规范、有序进行；二、健全学校安

全预警机制，制定突发事件应急预案，非学校人员未经许可不得进入学校，以防止不法分子寻衅滋事，侵害学生，及时排除安全隐患，不断提高学校安全工作管理水平；三、建立校园周边整治协调工作机制，维护校园及周边环境安全，营造一个和谐良好的校园环境；四、加强安全宣传教育培训，提高师生安全意识和防护能力；五、事故发生后启动应急预案，对伤亡人员实施救治和责任追究等。

总之，学校是学生学习和生活的场所，所以学校要尽可能地为学生提供良好安全的环境，及时发现和消除各类安全隐患，以保障学生的健康和安全。家长将孩子交给了学校，学校就要让家长放心，不辜负这份神圣而光荣的社会责任。

三、社会篇

我的知识我做主
——关于知识产权

从来不知道自己可以动手创造一些世界上绝无仅有的小玩意儿；从来不知道自己的名字可以在报纸杂志上闪闪发光，熠熠生辉。那智慧的光亮像一盏明灯指引我前进的脚步，那知识的积累成为了一枚枚印记，坚实了我成长的步伐。我要保护头上的光环，让它们继续发光发热，成为我为社会贡献的力量。

身边的故事：

第一则：现在的家长都绞尽脑汁地培养孩子的兴趣爱好，希望自己的孩子在学习文化课之余，还有一技之长。相比之下，小佳的父母就不那么担心。因为小佳自幼就有极强的书法绘画天赋，4岁就开始学习书法和国画，从小学一年级开始，就参加各类比赛，得到的奖状、奖杯塞满了整个房间。刚上初一的小佳，由于学习紧张，不得不暂时把心爱的画笔放下来，专心于文化课的学习。

一天，一家报社突然找到了小佳，因为在一些比赛中看到了小佳的作品，很是欣赏，目前报社正在搞一个专栏，很希望她也能够寄去几幅作品，供他们择优刊登。好久都不拿画笔的小佳，认为正可以借此机会重温一下书写绘画的感觉，在和妈妈商量之后，小佳同意了报社的请求。

不久，小佳就将自己的画连同一幅获奖作品寄给了报社。本以为报社很快就会给自己答复，谁知过了一个月也没有消息。一次偶然的机会，小佳的妈妈在这家报社的报纸上看到了自己女儿的几幅作品，上面没有注明作者的姓名。于是，妈妈带着小佳找到了报社，质问报社为什么没有通知她们作品已经被刊登，为什么不支付稿费，而且为什么没有注明小佳的名字。报社负责人认为，小佳年龄太小，根本不具有当作者的资格，连选举权和被选举权都没有，更何况著作权呢？小佳的妈妈和报社发生了争执，最后，小佳和妈妈决定将报社告上法庭，走法律的程序解决这个问题。经法院判决，报社应当向小佳支付作品稿酬。

第二则：小伟是一个非常聪明的孩子。平时他爱动脑筋，凡事都要问一个为什么。小伟的知识面很广，同学遇到不懂的问题都要请教他。曾经，他在全市的知识竞赛中取得了第一名的好成绩。为此，同学们都叫他"小百科"。

小伟喜欢利用自己的课余时间把学到的知识用于实践。没事写写画画，或者动手制作些稀奇古怪的小玩意儿。一次，天下大雨，同学们下午来上学时，都拎着湿淋淋的雨伞进教室，本来干净的地面瞬间变得脏兮兮，泥泞不堪。正好轮到值日的小伟边拖地边想，如果有一个东西，能马上弄干雨伞，值日生就不会这么累，同学也就不会那么麻烦弄得浑身是水了。

想到就做到。自从那日开始，每天放学回家，小伟就把自己关在房间里，认真刻苦地钻研。不久，在老师的指导下，经过多次试验，小伟的这一小小发明终于问世了。它可以迅速地弄干雨伞上的水，以后再遇到阴天下雨，走廊教室的地面也会干干的，而且同学也不会因为湿湿的雨伞没处放而感到苦恼。大家都为这个发明感到兴奋。有一个同学甚至还建议小伟说："我看过网上的一篇文章，好像是说，像你这种发明，是可以申请专利的。"小伟听了，将信将疑，心里想，我一个小小的初中生，真的可以申请专利吗？

相关法律知识

根据我国《未成年人保护法》第46条规定：国家依法保护未成年人的智力成果和荣誉权不受侵犯。所谓的智力成果，是指未成年人对自己创造的各种作品，包括画作、歌曲、小发明以及小作品等。国家保护未成年人的智力成果不受侵犯，是指未成年人对于自己创造完成的智力活动成果依法享有人身权利和财产权利。

第一则故事的焦点是关于未成年人的著作权问题。我国《著作权法》第2条规定："中国公民、法人或者其他组织的作品，不论是否发表，依照本法享有著作权。"青少年也是公民，当然享有著作权。所以，报社负责人不能因为小佳年龄小而剥夺其作者资格。同时，负责人还混淆了政治权利和民事权利两个概念。他认为小佳没有选举权和被选举权，这是政治权利，中国法律规定，必须年满18周岁才具有这项权利，在这一点上，负责人的观点没有错。但是，小佳的民事权利，也就是著作权，是不受年龄限制的。报社因此没有

署上小佳的名字，也没有支付稿酬，是侵犯了小佳的著作权中的人身权部分的发表权以及著作权中财产权部分的获得报酬权。所以，报社必须为此行为承担相应的民事法律责任。

第二则故事中，小伟天资聪颖，喜欢发明创造，其实，这些发明创造都是孩子们的智慧成果，只要符合法律法规规定的申请专利的条件，就可以申请专利，享受专利权的保护。那么，申请发明专利需要具备哪些条件呢？

按照我国《专利法》的规定，申请发明专利，应同时具备三个条件，即新颖性、创造性、实用性。（1）新颖性：指在申请提交专利局以前没有同样的发明创造在国内外出版物上公开发表过；在国内公开使用过，或者以其他方式为公众所知，在该申请提交以前，没有同样的发明或实用新型有他人向专利局提出过申请。（2）创造性：指同申请提交日前的现有技术相比，该发明有突出的实质性特点或显著的进步，该实用新型有实质性特点和进步。（3）实用性：指该

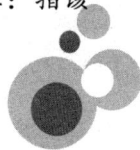

发明创造能够在工农业及其他行业的生产中批量制造，或能在产业上或生活中应用，并能产生积极的效果。

小伟虽然是未成年人，但是如果他的发明成果具备了申请的三个条件，是可以向国家专利局申请发明专利，并因此享有法律的保护。

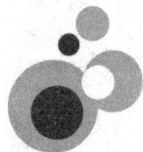

青少年虽然仍身在校园，但也是社会的一分子，所以一定要熟知自己享有的相关权益，用法律知识和法律武器保护自己的合法权益。

鼠标下的沉沦
——关于网络的危害

网络，一个虚拟的世界；游戏，一个魔鬼的化身。当大把的时间和金钱都交给它们的时候，自己灵魂也已经不再属于自己。整日沉迷在虚幻的世界里，投入得忘却自我，不知何时才能从沉迷中清醒过来，才能从陶醉中醒悟过来。当老师的谆谆教诲和父母的苦口婆心都被鼠标和键盘过滤掉的时候，也就是自己为青春买单的时候。

身边的故事：

第一则： 当一个乖巧懂事的孩子变得淘气冷漠，而罪魁祸首却是网络时，父母的心破碎得难以愈合。小志曾去医院看过妈妈，只是觉得没脸见妈妈，就半夜悄悄趴在病房门口看看就又返回网吧了。

小志的心依旧是温暖的，但是面对网络游戏，他又控制不住自己，一头栽进去，难以自拔。小志的父母都是做生意的，从小学升到初中的这段时间，正是对网络好奇的年龄，偏偏那段时间也是父母生意刚起步、工作最忙的时候，他们没时间照顾儿子，更没时间多和儿子沟通。等他们意识到问题的严重性时，小志已经沉迷网络多时了。气急之下，他们就对儿子非打即骂，希望他立即回头。

父母无穷无尽的唠叨和教训，让小志觉得很反感，"他们总认为自己是对的，凭什么说我就是错的！他们想说什么就说吧！我不理就是了！"小志心里有了主意。渐渐地，小志觉得自己和父母之间已经无话可说。等到父母打算放任他，买了电脑让他在家玩时，已经收不住他的心了。

父母和孩子之间没有共同语言，更谈不上相互理解，相互沟通，这些让他们的心离得越来越远，也让外面的世界和虚拟的空间对小志的吸引力越来越大。网吧就像一堵墙，隔在父母和孩子中间，不可逾越。一次，小志在网吧和别的孩子发生了冲突，正好他的妈妈在附近办事，闻讯赶来，看见不学无术的儿子面红耳赤地为了一个游戏角色和别人争论不休，小志的妈妈一气之下，心脏病发住进了医院。

"孩子，如果妈妈就这么离开你了，你不要再去玩游戏了，回到学校好好念书吧！"小志的妈妈在病床上，看着小志说。简单粗暴的方式在处于青春期的孩子身上可能会起到适得其反的效果。家长要懂得用什么样的方式爱孩子，多和孩子进行精神、情感上的交流，更多地理解关爱孩子，赢得孩子的信任和尊敬，这样才能建立良好的亲情关系。最重要的是耐心地用一种真诚的爱去感动他们。

小志已经很久没有去网吧了，想到病床上为自己操碎心的母亲，他似乎一夜之间明白了许多事情。不知什么时候，小志开始厌恶网吧，是时候该拆掉他和父母之间的那堵心墙了。晚饭的时候，小志亲自下厨给妈妈炖了排骨汤，妈妈吃饭时，他轻轻地啜泣起来，也许一块坚冰正在他们彼此的心里融化。

第二则：现在的网吧大多需要身份证登记才能进去上网，这让网迷小明犯了愁。才13岁的他，哪来的身份证呢？一次，和朋友聊起了这件事。一个朋友听了，声称可以帮他的忙，他知道附近有一家不用登记的网吧。

小明对朋友千恩万谢，下午还没放学，就逃课出去上网。到了朋友说的地方，原来只是一个小平房，外面什么牌子也没有，走进去黑漆漆的，只有一间屋子，放了几台老式电脑。"只要能上网就行！"小明对别的没有什么要求。一顿打杀，不知不觉已经晚上九点多了。小明付了钱，意犹未尽地回到了家。

奶奶早就睡了。这么久以来，父母经常不在家，不知道在忙什么，小明每天和奶奶在一起。八十多岁的奶奶知道小明整天泡在网吧里，虽然也经常唠叨，但是对于小明来说，就是耳旁风。小明躺在床上，盘算着明天游戏里的装备。"唉，要是升级的话，还要几百块呢！没钱了！"小明想着想着，有点困了。突然，一个激灵，他起身坐了起来。"对了，奶奶有个金戒指，记得她忘在洗手间了！"小明急忙去洗手间，找到了戒指，揣在兜里。

可能，这是个罪恶的开始。从那以后，只要父母不在家，小明就偷家里值钱的东西去卖。之后不久，小明就把偷盗之手伸向了别人的家。当手铐戴在小明的手上时，他的父母痛哭流涕。是什么让孩子走上了犯罪的道路？

相关法律知识

毫无疑问，网络是一把双刃剑，它虽然为世界带来了飞速的发展和进步，但是它也使得垃圾信息爆炸，更诱使千万青少年沉迷其中，无法自拔。所以，对于网络，我们应该客观地认识，利用它，趋利避害。青少年必须用法律和道德保护自己，使自己能够真正地徜徉在网络海洋中，自由、健

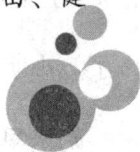

康、安全地学习和娱乐。

经过总结，网瘾和游戏瘾会给青少年带来以下危害：（1）失学失业；（2）造成人格异化；（3）造成视力下降、智商下降等症状，很多人甚至有脊柱弯曲等生理性病变；（4）浪费了大量的金钱和时间；（5）导致家庭破裂；（6）容易引发犯罪。根据《未成年人保护法》第33条规定：国家采取措施，预防未成年人沉迷网络。国家鼓励研究开发有利于未成年人健康成长的网络产品，推广用于阻止未成年人沉迷网络的新技术。同时我国针对未成年人过度沉迷于网络游戏，并对身心健康造成不利影响的情况，制定《网络游戏防沉迷系统开发标准》，让未成年人无法依赖长时间的在线来获得游戏内个人能力的增长，报偿值的增加，有效控制未成年人使用者的在线时间，改变不利于未成年人身心健康的不良游戏习惯。《关于保护未成年人身心健康实施网络游戏防沉迷系统的通知》中有说明：未成年人的累计在线游戏时间

超过3小时，不可避免地会带来一定程度的身心疲劳，此时未成年人应当停止游戏，下线做充分的休息。因此，将未成年人累计在线游戏时间超过3小时的第4、5个小时定义为"疲劳"游戏时间。另外，《侵权责任法》第36条明确了网络用户、网络服务提供者利用网络侵害他人民事权益的，应当承担侵权责任。

有很多青少年法治观念淡薄，再加上网络的诱惑，没有经济来源，便很容易铤而走险，产生邪恶的念头。小明就是一个典型。再者，根据《预防未成年人犯罪法》第33条规定："营业性歌舞厅以及其他未成年人不适宜进入的场所，应当设置明显的未成年人禁止进入标志，不得允许未成年人进入。营业性电子游戏场所在国家法定节假日外，不得允许未成年人进入，并应当设置明显的未成年人禁止进入标志。对于难以判明是否已成年的，上述场所的工作人员可以要求其出示身份证。"第55条也规定："营业性歌舞厅以及其他

未成年人不适宜进入的场所、营业性电子游戏场所，违反本法第33条的规定，不设置明显的未成年人禁止进入标志，或者允许未成年人进入的，由文化行政部门责令改正、给予警告、责令停业整顿、没收违法所得，处以罚款，并对直接负责的主管人员和其他直接责任人员处以罚款；情节严重的，由工商行政部门吊销营业执照。"因此，我们发现有"黑网吧""游戏厅"容留未成年人的应该大胆举报。这不单是为了他人，更是为了我们自己。

还有的孩子，尤其是女孩子，沉溺于网络的交往，将虚拟的交往带到现实中来，缺乏自我保护意识，过度轻信网友，最后只能给罪犯可乘之机，伤害自己。所以，父母要加强对孩子的教育，避免孩子受到不良影响。国家和政府在必要时需要动用公权力对网吧混乱的现状进行治理和整顿，为孩子建立一个健康的成长环境。

　　青少年上网时不要浏览不良信息，而要善于利用网络学习；不要欺诈他人，随意会网友，而要诚实友好地交流，增强自身保护意识；不要沉溺虚拟时空，破坏网络秩序，而要维护网络安全，增益身心健康。青少年更要储备法律知识，清醒客观地对待网络，坚决保护自己不受侵害。

红绿灯下的阴影

——关于交通安全

　　子夜的大街上散发着薄凉的味道。十字街口，红绿灯在交相闪烁。马路上，车来车往，一阵阵鸣笛，一辆辆呼啸而过，透着现代交通的压力和危险系数。曾经幻想自己能拥有一部可以上天入地的跑车，开着它叱咤风云。一阵急促的刹车声，打破了思虑的宁静，那一片红绿灯下的阴影，似乎在陈述些什么。

身边的故事：

第一则：随着经济的发展，有车一族越来越多。看着路上车水马龙，川流不息，我们不禁有些担心。

　　这天，刚参加完朋友聚会的李先生，开着车准备回家。由于在聚会上喝了点酒，握着方向盘的手，有些不听使唤，而且眼前云山雾绕，就连红绿灯，李先生也要仔细辨认。就这样，车子摇摇晃晃地快开到家门口了，当李先生准备穿过最后一个十字路口时，突然从马路对面冲出了一个小女孩，李先生来不及刹车，小女孩瞬间被撞倒在地上。

李先生酒已经醒了大半，急忙下车将女孩抬到车上，送往医院。经医生抢救，小女孩已经脱离了生命危险，但是却留下了严重的后遗症。因为小女孩还不到10岁，生活基本不能自理，住院期间和出院后，都一直需要父母照顾。为此，女孩的父母一纸诉状，将李先生告上法庭，要求李先生和保险公司赔偿医疗费。

相关法律知识

我国《道路交通安全法》第76条规定："机动车发生交通事故造成人身伤亡、财产损失的，由保险公司在机动车第三者责任强制保险责任限额范围内予以赔偿。超过责任限额的部分，按照下列方式承担赔偿责任：（一）机动车之间发生交通事故的，由有过错的一方承担责任；双方都有过错的，按照各自过错的比例分担责任。（二）机动车与非机动车驾驶人、行人之间发生交通事故的，由机动车一方承担责

任；但是，有证据证明非机动车驾驶人、行人违反道路交通安全法律、法规，机动车驾驶人已经采取必要处置措施的，减轻机动车一方的责任。交通事故的损失是由非机动车驾驶人、行人故意造成的，机动车一方不承担责任。"

此外，我国交通法已经明确规定严禁酒后驾车，《道路交通安全法》第91条规定："饮酒后驾驶机动车的，处暂扣一个月以上三个月以下机动车驾驶证，并处二百元以上五百元以下罚款；醉酒后驾驶机动车的，由公安机关交通管理部门约束至酒醒，处十五日以下拘留和暂扣三个月以上六个月以下机动车驾驶证，并处五百元以上两千元以下罚款。"

这次事故中，交警认定肇事司机由于酒后驾车而引发意外，应该负主要责任。但是小女孩横过马路，没有遵守交通规则，对事故的发生也有一定的过错。所以责任和后果应该由双方共同承担。但是小女孩是受害人，即使再多的补偿也

不能弥补对她所造成的伤害，因此，青少年一定要谨遵交通规则，切莫大意。首先，在横过没有信号灯的人行横道时，应该耐心地左右观察车辆来往状况，确认安全后再过；不能急于一时，或是在车辆临近时突然横过或者中途倒退、折返。其次，注意信号灯的变化。即使绿灯亮起，也要确定没有车来，方可以过马路。如果走到一半，信号灯改变了，要赶快过马路，不要惊慌。再者，不准在马路中央逗留、打闹，不准有妨碍道路安全的行为。最后，遇到人行横道较窄或是行人较多，行进有困难的情况下，不妨停下来等一等，避免不必要的拥挤，发生交通事故。

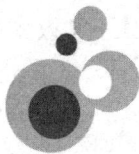

第二则：近年来，各地连续发生的校车事故，引起了社会各界的广泛关注。湖南衡南县松江镇搭载20名小学生的三轮摩托车失事，14名学生死亡、6个孩子受伤；河南新野县上港乡一辆超载面包车交通事故，导致车内十几名孩子伤亡；湖南邵阳塘田市镇一艘满载初中生的渡船沉没，十余人死亡……这些校车事故背后，无一例外写着惨痛和悲哀。

这一起起社会惨剧刺激着每一个人的神经。现在与将来，生理和心理，苦闷与救赎，每个人都在面对校车事故引发的各种后遗症。学校负责人想要良心好过些，幸存的学生不想再去上学，伤者家属在庆幸和忧虑的矛盾中纠结于外出还是留守，旁观的家长下定决心一定要亲自接送孩子上下学。这些心理阴影何时能重见光明，孩子和家长们何时能走出事故的阴霾？

洋洋是一个乖巧懂事的孩子，现在的她却脾气暴躁，只要稍有不顺心，便躺在地上打滚，说什么也不去上学。她说，学校会杀人，而且看见黄色的车就会惊慌失措地说是校车，有时候还会把玩具车砸得稀巴烂。齐耳短发，长着一双大眼睛的女孩苗苗是一起校车事故的受害者。她在事故中头部受伤，伤势很重，入院时的情况很不乐观。这个漂亮女孩整整昏迷了8天。醒来后，她却表现异常，一句话都不说。苗苗的父母每天都在担心孩子会留下永久性后遗症，以后不能上学，一提到这些，父母就泪流满面。小勇，一个天不怕地不怕的勇敢小男孩，在经历这次事故后，竟变得文静起来，虽然在事故中，小勇只受了轻伤，但是现在，一看见车辆，他还是觉得腿发软，会第一时间躲到爸爸的身后。

这些校车事故对孩子造成的伤害无疑是巨大的。看着这些脆弱的生命，生活在成人世界中的人不免觉得愧疚和自责。我们必须反思，化悲痛为力量，校车安全是全社会的责任。

相关法律知识 ···

看过一起起校车事故，不禁掩卷深思。校车运营是教育发展的重要环节，而频发的校车事故不仅是严重的道路交通事故，更是教育发展的漏洞和绊脚石。为此，各省市的公安交管部门研究制定了积极有效的工作措施，紧抓校车安全不放松，坚决遏制校车道路交通事故，为中小学生和幼儿园学生出行创造安全、畅通的道路交通环境。

根据2010年7月1日起正式实施的我国首部专门强制性国家标准《专用小学生校车安全技术条件》的标准要求，学校应该按标准，配备专用校车。同时，学校购买或者租用机动车专门用于接送学生的，应当建立车辆管理制度，并及时到公安机关交通管理部门备案。学校不得租用拼装车、报废车和个人机动车接送学生。接送学生的车辆必须检验合格，并定期维护和检测。接送学生专用校车应当粘贴统一标识。标识样式由省级公安机关交通管理部门和教育行政部门制定。

校车安全牵动着每一位家长，乃至整个社会的心。保证校车安全也就是保障青少年的健康和生命权。

珍爱生命，安全出行。只有这样，青少年才有机会实现自己的理想，才能不负祖国未来的重托。

窒息下的成长

——关于治安管理

对于青少年来说，学习几乎占据了我们全部的时间。闲暇时，会问一问窗外的几片落叶，外面是什么样子的？是色彩斑斓，还是黑白呼应？是复杂多变，还是单纯如镜？脑海中的健康和谐需要所有人来维护。当地上不再有落叶，不知还会有谁告诉我们，什么是对，什么是错……

身边的故事：

第一则： 上小学六年级的贝贝和几个孩子在小区的花园里玩耍、嬉戏。其中，一个叫小红的女孩子平日里就与贝贝不和。在做游戏时，小红故意让贝贝吃亏，为此，贝贝怀恨在心。

贝贝心里想：我又没有得罪你，凭什么看我不顺眼，我一定要报仇！想着想着，贝贝就把目光集中在自己家养的大黄狗身上。"哼，小红是最怕狗的！这回有你受的！"贝贝心里暗自高兴。原来，贝贝的爸爸是个宠物爱好者，家里有鸟啊、鱼啊之类的各种小动物。不过最喜欢的就是这只大黄狗。可是由于大黄狗长相凶恶，脾气又不好，所以，贝贝的爸爸总是选择人少的时候出去遛狗，并且一定要拴上链子。

贝贝和大黄狗感情很好，狗也很听他的话。这天下午，贝贝拍拍大黄狗的头："走啦！报仇去！"贝贝牵狗下楼，正看见小红一个人站在亭子里等人。贝贝将狗链松开，故意走在前面。大黄狗难得自由，撒着欢地跟着贝贝。快到亭子时，小红发现了大黄狗，猛地一声尖叫，转身就跑。也许这叫声刺激了大狗，只见那狗朝着小红猛扑了过去。小红吓得不知所措，慌乱中跌倒在地，摔伤了腿。贝贝也没有想到自家的狗会这么凶，急忙跑过去喝住了狗，并用链子拴了起来。

小红的妈妈赶了过来，看见女儿摔倒在地，而且伤势不轻，急忙将小红送到了医院。随后她找到了贝贝家，拉着贝贝的爸爸到派出所讨说法。小红妈妈说："主人既没给狗办证，遛狗时又没拴上狗链，把我的孩子吓成这样，说什么也不能就这么算了。"民警了解情况后，告诉贝贝，如果宠物因主人没有管理，如不上锁链、纵容、指使狗咬伤他人，构成轻伤，则涉嫌故意伤害罪。贝贝表示知道自己错了，并向小红的母亲道了歉，贝贝的爸爸也表示会承担小红的医疗费用。据悉，正式实施的《中华人民共和国治安管理处罚法》规定：饲养动物，干扰他人正常生活的，处警告；警告后不改正的，或者放任动物恐吓他人的，处200元以上500元以下罚款。

第二则：初一年级三班的小欣个头高挑，长相出众，加上性格开朗外向，身边有很多好朋友，而且很多同学都以是小欣的朋友为荣。邻班的小强也很想认识这位热门人物，不过性格内向的他不知道该如何表达，又怕别人误会。于是托人几次三番地向小欣说起，可小欣都没有在意。对此，小强一直耿耿于怀。

一天放学，小强看见小欣和几个同学说说笑笑地走在前面，便不自主地跟了上去，想一听究竟。"你过生日，我们能不去吗？""就是就是，到时候你们一定来啊！就在金悦餐馆，明天下午，我等你们啊！"小欣热情地说。"原来小欣过生日！她看不起我，不和我交朋友！哼！我偏要去！小强暗暗下着决心。

回家后，小强给自己的几个好朋友打了电话。几个朋友也纷纷表示，小欣太嚣张了，看不起人，正好借用生日会，挫挫她的锐气！于是几个人商量了一番，计划明天下午的行动。

第二天，小欣穿着自己最漂亮的衣服，在餐馆准备迎接着自己的好朋友们。她一直认为，自己在大家心目中就像公主一样，她喜欢这种众星捧月的感觉。不多时，同学们陆陆续续地来了，带来的不仅是生日祝福，还有各种各样的礼物。小欣开心极了，招呼大家落座。正当众人准备开怀畅饮的时候，突然从外面冲进来几个年轻人，打扮都很不入流，头发都是五颜六色的，让人不寒而栗的是他们每个人手里都拿着刀子。

只见其中一个人把手里的刀子往桌子上一撮："小欣，怎么没请我们哥几个啊！我们也很想祝你生日快乐啊！"此时的小欣已经吓坏了，拉着身边的女同学，说不出话来。席间，一个男同学故作镇定地招呼来人坐下，而旁边的一个男孩悄悄溜出去报了警。几分钟后，那几个社会年轻人就被警察带走了。当然，小强正是其中之一，他不知道自己的行为是扰乱社会治安，会因此被拘留。

第三则：13岁的小华是一名初一的学生。小华从小就是个汽车迷，轿车、卡车、吉普车的模型一大堆。但是小华最喜欢的还要数摩托车，他一直都渴望骑着摩托车飞驰的感觉。

一天，小华放学回来，突然发现小区楼下停着一辆崭新的摩托车。"哇！好漂亮的车！"小华心里想。这时，小华看见邻居周叔叔家的儿子蹦蹦跳跳地跑了过来。"华哥，你看见我爸爸新买的摩托车了吗？"原来是周叔叔买的新车啊！如果要能骑上去试一试，一定很威风。小华心里有了这个念头。

几天后，小华见周叔叔一家人出去上班，只有小孩在家，便以陪他学习的名义，来到周家，趁其不注意，偷走了摩托车钥匙。从周家出来，小华将摩托车推出小区，摩拳擦掌地发动了摩托车。可是由于小华在此之前从来没有开过摩托车，骑了不到一百米，就把路人齐先生刮倒了，而小华也人仰马翻，同时，被巡逻的警察发现了。

邻居周叔叔修理摩托车共花费了三百多元，路人齐先生的医疗费用用去了一千多元。对于这个情况，公安机关能对小华实施治安处罚吗？周家和齐先生可以向小华的父母提出赔偿要求吗？

相关法律知识 ···

治安管理是治安行政管理的简称，是指公安机关依照国家法律法规，依靠群众，运用行政手段，维护社会治安秩序，保障社会生活正常进行的行政管理活动。

在第二则故事中，未成年人身带管制刀具，有威胁他人之意，并在公共场所肆意闹事，根据《中华人民共和国治安

管理处罚法》第26条规定："（一）结伙斗殴的；（二）追逐、拦截他人的；（三）强拿硬要或者任意损毁、占用公私财物的；（四）其他寻衅滋事行为。有上述行为之一的，可以处五日以上十日以下拘留，可以并处五百元以下罚款；情节较重的，处十日以上十五日以下拘留，可以并处一千元以下罚款。"

对于第三则故事中小华的行为已经触犯"偷开他人机动车"的治安条例，根据《治安管理处罚法》第64条规定，可以给予治安管理处罚。但是依照《治安管理处罚法》第12条规定，不满14周岁的人违反治安管理的，不予处罚。因此，公安机关应当责令小华父母对其严加管教，而不能对他实施治安管理处罚。同时，根据《治安管理处罚法》第8条："违反治安管理的行为对他人造成损害的，行为人或者其监护人应当依法承担民事责任"。此外，《民法通则》第

133条也规定："无民事行为能力人、限制民事行为能力人造成他人损害的，由监护人承担民事责任"。所以，小华属于限制民事行为能力人，对他人造成的伤害应当由他的监护人，也就是他的父母承担赔偿责任，周家和路人齐先生可以向小华父母提出赔偿要求。

青少年要严明法纪，谨言慎行。不以恶小而为之，不以善小而不为，要清楚只要是犯错，就一定会受到处罚。我们年轻的一代要增强法律意识，妥善保护自身不受侵害，同时也要具备应有的社会公德，保证他人的正常生活和社会稳定秩序。

第二编

DI ER BIAN

关闭了天堂的窗——未成年人刑事犯罪

一、暴力犯罪篇

倒飞的青春

——关于故意伤害罪

朗费罗曾说过："青春是多么美丽！发光发热，充满了彩色与幻想，是书的第一章，是永无终结的故事。所以希望任何人在拥有青春时，都能够好好把握，谱写好人生的第一篇章。不要被罪恶迷醉了心魂，在别人的心灵深处留下永生的伤害，也给自己的人生留下永难磨灭的污点。"

身边的故事：

爱的代价

17号，对于16岁的小美来说，是毁灭性的一天。因为拒绝了同班同学小宇的追求，遭到了小宇致命性的报复。

这天下午，小美刚刚放学回到家，便接到小宇的电话，"我们谈谈，我保证再也不骚扰你了！"小宇在电话里冷冷地说。小美觉得小宇的声音怪怪的，但是单纯的她认为，把事情谈开也好，毕竟大家是同学。原来小宇因为小美长得漂亮，一直追求她，可是小宇是典型的不学无术的学生，小美根本不屑与这样的学生交往，自然是百般拒绝。谁知，拒绝的背后却惹来小宇凶残的报复。

小宇将小美约到公园附近的一个小亭子，因为天色已晚，四周的行人较少，月亮隐隐地发着光，照得人冷冷的。"想说什么快说吧！我爸妈一会儿回来看不见我，会给我打电话的！"小美有些不耐烦。"我最后问你一次，你愿不愿意做我的女朋友？"小宇仍不依不饶。"小宇！别闹了，我们还小，不可能的。"小美无奈地回答。这时，小美没有注意到小宇已经目露凶光。

两个人沉默了片刻，"我要回家了！"小美觉得寒意四起，转身要走。看见小美对自己没有丝毫感情，小宇怒火中烧，掏出准备好的一个瓶子，打开盖子，追上小美，全部泼向了她。

"啊！"只听小美一声惨叫，跌倒在地，双手本能地捂住了双眼，疼痛地在地上来回翻滚。小宇站在一旁也吓傻了，他不知道高浓度的硫酸究竟会对小美造成多大的伤害。小美的惨叫引来了过路的人，大家急忙叫来救护车，七手八脚地将疼晕的小美抬上了救护车。经医生鉴定，小美脸部、颈部、胸部将近百分之三十的烧伤面积，而且程度都很严重。小宇也因故意伤害他人被警方逮捕。

病榻上的小美几乎整日以泪洗面，几度都想自杀。家人看着自己年轻漂亮的孩子突然间变得面目全非，悲痛欲绝。一朵未开的花就这样凋落了。小美在日记中写道：从此，我的生命中没有镜子，没有快乐，没有成长，只有永不休止的恨！而此时的小宇，悔恨的泪水模糊了铁窗外蔚蓝的天。十六岁的花季，被毁灭在冲动的尘埃中，这就是爱的代价，成为了青春生命的祭奠。

苍白的自尊

这是一个不该发生的悲剧，然而它却真实地发生了。身体的残疾本已不幸，更不幸的是心灵的残疾。这一切断送的是两个孩子的一生，酿造的是两个少年的悲剧！

"小瘸子！小瘸子！"小强整日地追在小萍的后面取乐。他们是初二的同班同学，因为小萍小时不慎摔坏了腿，现在走路一瘸一拐的，因为这个，她没少受班里男生的冷嘲热讽，尤其是这个小强，天天有事没事地追着她叫她"小瘸子"。小萍本来就是个自尊心极强的姑娘，有时别人不经意的一句话，都会触动她敏感的神经。正所谓说者无意，听者有心，更何况小强这么肆无忌惮地拿自己寻开心，让小萍厌恶极了。

一天中午放学后，小萍背着书包准备回家，刚出校门，突然被一群小学生团团围住。他们拍着手，跳着脚，有节奏地喊着"小瘸子，小瘸子"，还有几个学着小萍走路的样子。受到侮辱的小萍气得直掉眼泪。她知道这又是小强搞的鬼。从此，小萍对小强的恨意开始升级，并伺机寻找报复小强的机会。

这天，小萍的舅舅带来了一条花斑蛇，说这蛇毒性强，泡酒喝可以治病，特地买来给小萍的父亲。小萍看着那条一米多长的蛇带着满身花斑，懒洋洋地吐着信子，就好像小强一样，让人生厌。突然，她脑筋一转，"哼！报复的机会到了！"小萍心中暗喜。

第二天体育课，大家都到操场上玩了，教室里只剩下小萍。小萍小心翼翼地从书包里拿出一个塑料罐，冲着阳光轻轻地拍了两下，只见里面一条曲线的影子缓缓地动了动，小萍有点紧张，又有些激动。她来到小强的书桌旁，打开塑料罐，迅速地把塑料罐里的曲线倒进了小强的书包，然后拉好拉链。"吓死你！看你再欺负我，给我起外号！"小萍总算完成了报复行动，心满意足地回到自己的位置上，期待着小强回来后的大惊失色。

下课了，小强满头大汗地冲进了教室，其他同学也陆陆续续地回来了，小萍仔细地观察着小强的动作。只见小强回到座位，休息了一会儿，便拎过书包，忙不迭地要掏出作业写。也许是因为小强的动作太大，激怒了本来昏昏欲睡的蛇，当他把手伸入书包的瞬间，毒牙也跟着刺进小强的皮肤。

"啊！"小强大叫一声，跌倒在地。邻座的同学也被吓得从座位上跳起来。只见那条花斑蛇漫不经心地从书包里爬出来，不一会便不知去向。小强被大家急忙送到附近的医院进行抢救。可是医生告诉大家，小强中了一种蝮蛇的毒，需要马上注射抗毒血清，但是乡镇医院没有这种血清，必须送到市里的医院。待到小强被送到市医院时，已经不省人事，几经抢救，虽然生命保住了，但是他却永远地失去了右臂。而小萍因故意伤人被刑事拘留，等待她的是法律的判决。

此时，小萍的那份自尊心已显得苍白无力，小强也为自己的不尊重他人而付出了代价，可是这代价是血色的，是沉重的。

致命的铁棒

15岁的小浩已经上初中三年级，因为学习成绩一向不错，被视为班里的佼佼者，身上自然背负着父母殷切的希望。俗话说：压力是动力。但有时候却过犹不及，太大的精神压力和学习压力，都让小浩觉得喘不过气。过往的优异和荣誉此时已经成为小浩害怕提及的事。正因如此，小浩在期中考试中发挥不太理想。考试成绩不好，被家长责骂，小浩整日心情不好，郁郁寡欢，情绪也不稳定，对周围的事物丝毫不感兴趣，提不起精神，性格日渐孤僻暴躁。

一天下课后，小浩破天荒地来到操场，和几名同学一起打篮球。在打球的过程中，同班同学小强嫌小浩有犯规动作，言语中几次说小浩不会打球。自尊心极强的小浩顿时感觉自己在同学面前丢了脸，心中很不舒服。当小强再一次说小浩打球犯规时，二人发生了争吵，当即扭作一团，小强趁小浩不备，一拳打得他眼眶红肿起来。这时班主任老师闻讯赶来，责令二人停止争吵与打斗，并严肃批评了他们，尤其是对小浩，一再强调他的退步和落后。小浩心里既委屈又不服，强忍着对小强的满肚子怒气。

又一节课后，小浩溜出校门，在校外捡到一根铁棒偷偷地带进学校，走进教室，见小强正埋头在抄写什么，便猝不及防地抡起手中的铁棒对准小强的后脑勺连砸数下，发泄着心中长久以来的不满和怨气。惨祸就此发生。小强被送往医院的途中已经深度昏迷，在医生的全力抢救下，仍陨落在病榻上。

小强父母的哭喊和捶打如当头一棒惊醒了恍惚的小浩。此时的他看着自己沾满同窗鲜血的手，已然懊悔不已。小浩看着死去的小强，不断地说着对不起，对不起，对不起。可是很多事情发生了就无法再挽回，如今只有那根致命的铁棒依然透着寒冷的光，上面的斑斑血迹似乎是在陈述悲剧的始末，又似乎在警醒世人，尤其是那些冲动的孩子们……

继母之死

"你现在最想见的人是谁?"记者望着这个绰号叫"小老虎"的小李。"妈妈! 我最想见我的妈妈，我想告诉她，我想她，只要她回来，我一定会听话的!"小李的回答感动了在场的所有人，可就是这样一个单纯可爱的少年，刚刚因故意伤害自己的继母，并导致其死亡，而被判处了无期徒刑。

"就是那只狐狸把我妈妈气走，还整天在我爸爸面前搬弄是非! 我恨她!"小李口中的"狐狸"是指小李的继母。小李说，在他刚上小学5年级时，父母就离婚了，他形容自己在父母间"就像一个球一样被踢来踢去"。他回忆说，父母离婚后，他跟着母亲生活，但母亲生活很困难，有时不得不靠卖血来给他交学费。他曾去找过父亲，但却被拒之门外。后来，他被送到了救助中心。去年，他从救助站回到父亲家，父亲已经与继母赵某结婚了。

小李真正的苦难也就是从那时候开始的。他在父亲家呆了不到一个月，就被父亲打出家门。每当父亲打他时，赵某总在一旁火上浇油。今后的日子，小李就在这种反复被打中度过。年仅16岁的他想过要回去找自己的妈妈，但是想到母亲困苦的生活，不忍给她再添负担，只好强忍着父亲和继母对自己的虐待。终于，在继母赵某的挑唆下，小李辍学了。

辍学在家的小李无处可去，更是赵某的眼中钉，肉中刺。整日非打即骂，有时心情不好，甚至将小李关到阳台，不让他睡觉。这样的日子过了半年，本来性情懦弱的小李已经在父亲和继母的淫威下，变得满心仇恨。他决定趁父亲不在家时，偷些钱拿给妈妈，从此再不回来。

一天晚上，小李在确定父亲不在家后，他借着赵某睡觉的时候，悄悄潜进她和父亲的卧室，黑着灯从抽屉里摸出五百多元钱，刚刚要转身离开时，看到躺在床上正在熟睡的继母，脑子里突然萌生了想要报复继母的念头。于是他去厨房拿了把刀，朝赵某的胸部扎了一刀。在赵某呼救时，小李没有理会，而是拿着钱离开了家。他没想到，这一刀就要了继母的命。

小李拿着钱跑出了家门，他没有去找母亲，再三思量后，走向了警察局。

相关法律知识 ....

根据我国《刑法》第234条规定，故意伤害罪是指故意非法损害他人身体的行为。故意伤害罪侵害的对象是他人的身体健康权，所谓身体权是指自然人以保持其肢体、器官和其他组织的完整性为内容的人格权。应注意的是，本罪侵害的是他人的身体权，因此，故意伤害自己的身体，一般不认为是犯罪。只有当自伤行为是为了损害社会利益而触犯刑法时，才构成犯罪。例如，军人战时自伤，以逃避履行军事义务的，应按本法第434条追究刑事责任。本罪的主体为一般主体。凡达到刑事责任年龄并具备刑事责任能力的自然人均能构成本罪，其中，已满14周岁未满16周岁的自然人有故意伤害致人重伤或死亡行为的，应当负刑事责任。

故意伤害罪的量刑：

1. 对故意伤害他人身体的，处3年以下有期徒刑、拘役或者管制。

2. 对故意伤害他人致人重伤的，处3年以上10年以下

有期徒刑。这里所说的"重伤"，依照刑法第96条的规定，是指有下列情形之一的：（1）使人肢体残废或者毁人容貌的；（2）使人丧失听觉、视觉或者其他器官机能的；（3）其他对于人身健康有重大伤害的。其中"其他对于人身健康有重大伤害的"，主要是指上述几种重伤之外的在受伤当时危及生命或者在损伤过程中能够引起威胁生命的并发症，以及其他严重影响人体健康的损伤，主要包括颅脑损伤、颈部损伤、胸部损伤、腹部损伤、骨盆部损伤、脊柱和脊髓损伤以及烧伤、烫伤、冻伤、电击损伤、物理、化学或者生物等致伤因素引起的损伤等。1990年3月29日司法部、最高人民法院、最高人民检察院、公安部印发了《人体重伤鉴定标准》。在司法实践中，鉴定重伤主要依据该《人体重伤鉴定标准》进行。

3. 对故意伤害他人致人死亡，或者以特别残忍手段致人重伤造成严重残疾的，处10年以上有期徒刑、无期徒刑

或者死刑。这里所说的"致人死亡",是指行为人出于损害他人健康的故意而伤害他人,但由于被害人受到伤害后得不到及时有效的救治或者由于其他原因,造成被害人死亡的结果。"特别残忍手段",是指故意造成他人严重残疾而采用毁容、挖人眼睛、砍掉人双脚等特别残忍的手段伤害他人的行为。

同时,故意伤害罪在实践中应注意以下几个问题:

1. 分清故意伤害罪与故意杀人罪的界限。两罪的主要区别在于是否以非法剥夺他人生命为故意,如果行为人没有这种非法剥夺他人生命的故意,而只有伤害他人身体健康的故意,即使行为导致了他人的死亡,也只能定故意伤害罪;如果行为人有非法剥夺他人生命的故意,即使其行为没有造成他人死亡的结果,也构成故意杀人罪(未遂)。

2. 分清故意伤害罪与过失致人重伤罪的界限。过失重伤罪在主观上是过失的,而且法律要求必须造成他人重伤的

结果才能构成犯罪，而故意伤害罪在主观上是故意的，即使致人轻伤，也构成故意伤害罪。

3. 故意伤害他人身体的，不一定都认定为故意伤害罪。刑法规定的其他犯罪中也有故意伤害他人身体的情况，如刑法关于强奸妇女致人重伤或者死亡的规定和抢劫致人重伤、死亡的规定等，这些都属于刑法的特殊规定。根据特别规定优于一般规定的原则，刑法有特别规定的，一律适用特别规定。

花季的少男少女，充满激情。但是当激情变成了冲动，就会演变为大打出手，甚至用暴力或其他方法伤害别人。触犯法律的青少年们秉着以牙还牙、以眼还眼的原则，肆意妄为，完全将法律的制约抛之脑后，最终结果就是在悔恨中接受法律的惩罚。作为年轻人，多一点独立思考，多一点自我判断，要把握好自己的一生。

此外青少年应当学法、守法，在法律的规则内处理相互的关系，懂得依法保护自己和他人的合法权益。同时还要时时处处遵守文明规则，做一个有道德、讲文明的好公民。

跌落深渊
——关于故意杀人罪

堕落、放纵、缺失，仿佛是一把把开启深渊大门的钥匙，将一个个芳华引领至罪恶面前。枷锁、囚衣、铁窗，就是一枚枚永远去不掉的印记，在人生的轨道上闪烁着警示的图标。是什么让法制的观念溃散在灭绝人性的悲惨杀戮中，又是什么将孩子一步步推向罪恶的深渊。不知从何时才开始有了摒弃罪恶的意念，可能只是在那一桩桩浸满鲜血的身后。

身边的故事：

带血的友谊

曾经当鲜艳的红领巾戴在他的胸前，慈祥的父母脸上露出满意的笑容；曾经当他考上了重点中学，老师和同学都投来羡慕的目光。16岁的小哲曾经是个优秀的孩子，谁知一段友谊竟让他偏离了人生的轨道，掉进了罪恶的深渊。当冰冷的手铐铐住他的双手，当高墙电网隔断了他和亲人的团聚，他方猛醒。可是，一切都太晚了。

小哲出生在一个普通的双职工家庭里。父母对他很宠爱，家庭充满温馨。小学时，小哲聪明好学，读书用功，在班里的学习成绩一直名列前茅。小学毕业时，他以优异的成绩被市重点中学录取。小哲沉浸在父母、同学和老师的赞扬声中，不禁沾沾自喜。日渐骄傲的他变得狂妄自大，思想开始滑坡，渐渐地和社会上游手好闲的人混在一起，并学会了抽烟、喝酒，学习成绩直线下降。在家里他再也听不进父母的良言相劝，在学校更听不进老师的谆谆教诲。优秀的儿子沉沦堕落，急坏了关心他的父母。为了使他与那些所谓的"朋友"断绝来往，妈妈把小哲送到了外地的学校，希望他能够脱离原来的不良朋友，重新振奋精神。小哲似乎明白了父母的一片苦心，暗下决心，再不像以前那样。功夫不负有心人，在期末考试中他以全班前十名的好成绩告别了这一学期。

这个学期的暑假，小哲回到家里，遇到了许久未见的好友小风。这个小风在社会上混了很长时间，是典型的不良少年。聊天中，小风提起自己与女朋友欣儿发生了不少矛盾，关系不断恶化。小风越说越气，甚至要求小哲帮他出口恶气，将欣儿杀掉。小哲看到小风受了很大委屈，于是为了哥们义气，便答应帮忙。第二天，他们约好时间，把欣儿骗到一间没人住的小破屋内。到了那里，欣儿感觉到有点不对劲，拔腿要走。小风追上去将她摔倒在地，两人便在地上扭打起来。这时，小哲站在一边，呆若木鸡一动不动，吓得茫然不知所措。小风瞪着发红的眼睛，气急败坏地冲他喊："哥们儿快点！"小哲无意识地跑了过去，不顾欣儿苦苦哀求，残忍将其杀害了。一个无辜少女就这样陨落在他们的手中……

都说友谊是人生的美酒，会使我们的生活更充实而美好。但是友谊如果被鲜血浸透，那么这杯美酒就会变成人生的苦酒，个中滋味只有当事者最为清楚。近朱者赤，近墨者黑，我们在结交朋友时一定要擦亮双眼，莫要被友谊禁锢，而铸成不可挽回的大错。

刀锋下的"爱情"

帅气的小飞已经上初中二年级了，学习成绩优异，经常得到老师和同学的赞扬。当然，一个这样的男孩，自然会受到不少女孩的青睐，小颖就是其中一个。也许是青春期固有的感情萌动，小颖对小飞格外注意，可是相貌平平的她，就像一根默默无闻的小草，在众多簇拥小飞的花朵之间，根本不起眼。可是，这样一段默默的单恋即将演变成一朵血色之花。

小颖总是有意无意地找机会和小飞说话，有时去打听作业，有时去问问数学题，小飞每次都会热情地回答她，这让小颖的心里有了希望，甚至她已经把小飞当作自己的男朋友了。可是小飞性格开朗，对每个同学都很好，渐渐地，小颖就开始醋意大发，看着围在小飞身边的女生就妒火中烧。

有一段时间，小飞和班里一个漂亮女生阿瑶走得很近，两个人总是一起去老师办公室，下课的时候，那个女生还总是因为班级的事来找小飞。这样的事情让小颖忍无可忍，她认为那个女生要把小飞抢走了，他恨不得把小飞藏起来，不让别人看到。"谁也别想抢走他！"小颖握着拳头，暗自下着决心。

这天中午，小颖约阿瑶到河边的小树林里见面，阿瑶爽快地答应了。她们一起来到小树林的深处，刚才还有说有笑的小颖，脸突然往下一沉，指着阿瑶说："你知道我为什么叫你到这里来吗？"阿瑶一脸愕然，摇摇头。"小飞是我的，你不能喜欢他，以后你离他远点！"小颖怒气冲冲地说。"可是他不喜欢你！实话告诉你，我也喜欢他，而且他也喜欢我！你长得不漂亮，也不是班干部，他凭什么喜欢你？"阿瑶不甘示弱。可是这一席话深深地刺痛了自尊心强的小颖。就在阿瑶转身要走的时候，小颖突然从后面将阿瑶抱住，并从腰间抽出一把水果刀，朝阿瑶腹部狠狠刺去。阿瑶在惨叫中跪倒在地，鲜血不断从伤口涌出，阿瑶用颤抖的声音指着小颖问："你竟敢杀人，你要杀死我……！"小颖咬牙切齿地说："我今天就是要来教训你的，让你跟我抢……"说着更用力地朝阿瑶的身上刺下去。经过一番痛苦的挣扎，阿瑶流尽了最后一滴血，结束了她短短的一生。小颖找来一把铁锹，挖了一个坑，抬脚狠狠将阿瑶踢进坑里。随后，小颖拍拍身上的土，骑着自行车回家了。

不久，阿瑶的尸体就被人发现了，警方很快将犯罪嫌疑人小颖逮捕归案。小飞无论如何也想不到两个女孩会因为自己而走上绝路，不久，小飞便转离了这所学校。一腔妒火，不仅毁了别人，同时也灼伤了自己。我们真诚地希望，小颖能在法律面前坦承自己的错误，对自己的行为负责。

草丛中的血迹

一天清晨，王大爷像往日一样到湖边的草地锻炼。旭日东升，照着草地泛出绿油油的光，很可爱。王大爷忍不住多看了几眼。"咦？那是什么？"王大爷见草丛深处有点异样，便走了过去。可是越往深处走，他越是觉得不对劲，甚至发现草丛中有斑斑血迹。"啊！杀人啦！"

王大爷的叫喊声惹来了不少人，随后警察赶到，在草丛深处拽出了一个很大的黑色塑胶袋。打开一看，里面有一只手臂一只脚，还有几个尸块，鲜血淋漓，触目惊心！随后，警方展开大范围的搜索，相继在湖边杂草处找到了剩下的肢体部分。经过法医鉴定和相关盘查，死者是一位名叫张某某的初三男孩。

接到孩子的死讯后，张家父母悲痛欲绝，掩面而泣。他们说，前天晚上放学，张某某就没有回家，随后二人报了警，未成想接到如此噩耗。究竟是谁这么残忍，将少年杀害并分尸？警方抽丝剥茧，终于将此案告破。可是，当看到犯罪嫌疑人时，在场人一片唏嘘。

辍学在家的14岁的马某甲和16岁马某乙是堂兄弟，据他们两个人说，那日黄昏，两个人无所事事地在外闲逛，突然碰到张某某放学回家。张某某骑着自行车不小心碰到了马某甲，二人便起了争执。在一旁的马某乙怎么能让弟弟受欺负，弯腰捡起路边的废砖，趁张某某不注意，狠狠地砸向他。马某甲见哥哥出手帮助自己，也嚣张起来，同样抢起砖头猛砸张某某头部，没几分钟，张某某便在两人的殴打下停止了呼吸。年纪小些的马某甲有些惊慌，哥哥马某乙相对冷静，跟弟弟说，要想办法把尸体处理了。处理完尸体两个人觉得万无一失，装作没事一样回到家中。

太多太多的感慨，太多太多的无奈，究竟是什么驱使两个十几岁的少年因为几句口角便惨绝人寰地利用暴力杀人碎尸？我们应该怎么做才能避免此类悲剧再度发生？

迟到的救赎

大勇以优异的成绩考进县重点中学。由于大勇的家离县城太远，所以他开始了住校生涯。不料，这是新生活的开始，确也是生命的终结。

学校住宿条件不太好，四个人挤在不到十平的房间里。同寝室的有阿宝、小贺和大壮。也许是因为大勇家境不好，平时的生活很简朴，吃饭穿衣总是能省则省，有时候鞋袜破了，也舍不得买新的。因此，阿宝他们三个明里暗里地没少嘲笑大勇。别看大勇看起来内向，不善言谈，但是性子极强。对于阿宝他们的冷嘲热讽，大勇都暗自记下，并怀恨在心。

悲剧的导火索是一条毛巾。这天晚上，大家像往常一样洗漱准备睡觉。阿宝在一旁洗脚，却找不到自己的擦脚布，随手拿起大勇的毛巾擦脚。阿宝的这一动作正好被推门进屋的大勇看见。"喂！阿宝！你怎么用我的毛巾擦脚？"阿宝本也觉得自己不对，但是想到一个穷小子对自己指手画脚，便生了气，一把将大勇的毛巾扔进自己的脚盆里，"用你的毛巾怎么了？你至于对我大吵大嚷的吗？也不看看你的毛巾，脏得给我擦脚都不配！"大勇一听更来火，两个人便争吵起来。小贺和大壮自然是站在阿宝这边，在旁边打花腔。最后三个人纷纷上床睡觉，只留大勇一个人怒气未消地站在地中。

"不能让他们这样嚣张下去！我会让他们付出代价！"大勇决定报复。现在的他满脑子都是杀掉他们、一雪前耻。最后，他买了一瓶毒药。这天晚上，大勇买了很多好吃的，提前回到宿舍，阿宝三人一进屋，大勇便热情地上前拉住阿宝的手："前些天的事，是我太冲动，对不起大家了！今天我请大家吃好东西，算是赔罪！"阿宝愣住了，只见桌子上摆满了酒菜，几人不知所措。大勇招呼大家坐下，他们见大勇如此热情，便只当是大勇在求和，几杯酒下肚，便狼吞虎咽地吃起来。席间，阿宝举起酒杯，对大勇说："大勇，前几天的事其实是我们不对，我们不应该瞧不起你！你放心，大家以后就是好兄弟！"说完干了杯。大勇听到阿宝的话，顿时心里一酸，"是不是自己太小气了！他们是我的朋友！"大勇处于矛盾中，看着他们三个兴高采烈地吃着有毒的食物，喝着有毒的酒，大勇顿时产生了悔意。

"不要吃了！有毒！"大勇突然站起来大吼一声。然后用力地抢过阿宝三人手中的食物，几个人被大勇的突如其来吓傻了。空气凝滞了不到两分钟，阿宝只感到腹中一阵剧痛，从椅子上摔倒在地。随后小贺两人也相继倒地。

虽然大勇及时意识到了自己的错误，奋力地想避免悲剧的发生，但是不幸的是，三个人还是因为中毒太深，失去了年轻的生命。懊悔、自责已经无法抵消大勇内心的痛苦，只有法律的惩罚能使他救赎心灵的罪孽。

相关法律知识

国自古就有"杀人偿命"的朴素刑法报应观。谋杀罪刑通常是最高刑，古今中外，立法者都将其作为最严重的犯罪规定在刑法典之中，并配以最严重的法定刑。即便如此，青少年仍以身试法，用最残忍的方式处理问题，这不得不引起我们的关注。

故意杀人罪，是指故意非法剥夺他人生命的行为。属于侵犯公民人身民主权利罪的一种。是中国刑法中性质最恶劣的少数犯罪之一，必须从重从快严惩。所谓"故意"，指行为人明知自己的行为会发生他人死亡的结果，并且希望或者放任这种结果发生。故意分为直接故意和间接故意。

直接故意指行为人明知自己的行为必然或者可能发生危害社会的结果，并且希望危害结果的发生以及明知必然发生

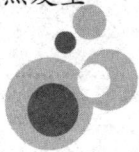

危害结果而放任结果发生的心理态度。又可分为两种情况，即明知可能和明知必然。

间接故意指行为人明知自己的行为可能发生危害社会的结果，并且放任这种结果发生的心理态度。所谓放任，是指行为人对于危害结果的发生，虽然没有希望、积极地追求，但也没有阻止、反对，而是放任自流，听之任之，任凭、同意它的发生。间接故意包括三种情况：（1）为了追求一个合法的目的而放任一个危害社会的结果发生；（2）为了追求一个非法的目的而放任另一个危害社会的结果的发生；（3）在突发性案件中不计后果，动辄捅刀子的情形。

伤害致死与杀人既遂在客观方面都产生了死亡结果，但其主观要件的内容不同，前者为故意伤害他人，后者为故意剥夺他人生命。

伤害既遂与故意杀人未遂，虽然只产生了伤害结果，但其主观要件的内容不同，前者为故意伤害，后者为故意剥夺他人生命

如何判断行为人故意的内容，是一个复杂细致的问题。必须坚持主客观相一致的原则，既要考虑行为人的认识水平、行为能力，也要考虑作案时的客观环境，作案的全过程。只有在把全部案件事实搞清的基础上，才能准确判明行为人主观要件的具体内容。

在量刑时，应当破除不正当观念，关于故意杀人罪的量刑，既不能认为杀人既遂的要一律偿命，也不能认为杀人未遂的一律不判死刑。要综合全部案情，正确评价罪行轻重和行为人的人身危险程度，给罪犯以适当的刑罚处罚。在我国，行为人只要年满14周岁，并具有刑事责任能力就可以成为本罪的主体。

犯故意杀人罪的，处死刑、无期徒刑或者10年以上有期徒刑。属于情节严重的，应当判处死刑或者无期徒刑。例如，出于图财、奸淫、对正义行为进行报复、毁灭罪证、嫁祸他人、暴力干涉婚姻自由等卑劣动机而杀人；利用烈火焚

烧、长期冻饿、逐渐肢解等极端残酷的手段杀人；杀害特定对象，如与之朝夕相处的亲人、知名人士等，造成社会强烈震动、影响恶劣的杀人；产生诸如多人死亡，导致被害人亲人精神失常等严重后果的杀人；等等。

犯故意杀人罪，情节较轻的，处3年以上10年以下有期徒刑。根据司法实践，主要包括：（1）防卫过当的故意杀人；（2）义愤杀人，即被害人恶贯满盈，其行为已达到让人难以忍受的程度而其私自处死，一般是父母对于不义的儿子实施这种行为；（3）激情杀人，即本无任何杀人故意，但在被害人的刺激、挑逗下而失去理智，失控而将他人杀死，其必须具备以下条件：其一，必须是因被害人严重过错而引起行为人的情绪强烈波动；其二，行为人在精神上受到强烈刺激，一时失去理智，丧失或减弱了自己的辨认能力和自我控制能力；其三，必须是在激愤的精神状态下当场实施。（4）受嘱托杀人，即基于被害人的请求、自愿而帮助

其自杀；（5）帮助他人自杀的杀人；（6）生母溺婴，即出于无力抚养、顾及脸面等不太恶劣的主观动机而将亲生婴儿杀死。如果是因为重男轻女的思想作怪，发现所生的是女儿而加以溺杀的，其主观动机极为卑劣，则不能以故意杀人罪的情节较轻情况论处。

在了解以上基本知识的同时，需要注意一些特殊情况。（1）引诱、教唆他人自杀，应以故意杀人罪定罪处罚。（2）逼迫他人自杀。如果逼迫行为是在非法剥夺他人生命的意图下实施的，则应当负故意杀人罪的刑事责任；如果行为人虽有逼迫的情节，而意图不在于非法剥夺他人生命，则不构成故意杀人罪。（3）帮助他人自杀，受他人嘱托而将他人杀死的行为在法律上没有依据，行为人也没有权利接受这种嘱托，应当认定为故意杀人罪。

一个个血淋淋的故事发人深省，一个个鲜活的生命随我们而去，惨痛的代价能否换回无知的孩子，逝去的生命能否安息于天

国。近几年来，青少年犯罪呈上升趋势，预防和防止青少年犯罪，是当今世界各国十分重视的一个社会问题。面对满是鲜血的暴力杀人事件，我们现今的青少年该如何抵制和预防。

在上述案例中，不妨简单地总结一下，为了哥们义气，助凶杀人，逞匹夫之勇是无知的。要培养自己明辨是非的能力，在遵守社会法律法规的前提下帮助朋友，万不能沦为别人的杀人工具。年轻的男孩女孩们，青春期对异性的好感和冲动虽是人之常情，然而学生要把精力放在学习上，早恋的苦果万不能尝，更不能因为嫉妒而泯灭了人性。更不能因几句口舌就凶残地杀人。青少年要培养健康的人格，学会理性地处理问题和解决问题，不能因为受了一点委屈或者吃了一点亏，就采用暴力反击，这样做的结果只能是害人害己。

不要以为孱弱的生命就可以肆意践踏，它们一样要受到保护和尊重。只有这样，在纷繁的社会里，在喧嚣的人生旅途中，我们才能安然度过，才能去追寻并创造出属于自己的美好。请孩子们，远离暴力，珍爱生命！

渐行渐远的梦

——关于聚众斗殴罪

刹那间的猛回头，年少轻狂的潇洒熟悉模糊，随波逐流的日子历历在目。执拗不悔的青春已经黯然退场。同行的朋友们有着低吟悲歌的欲望。迷乱的人群中，年少美丽的梦在喊杀声中渐行渐远，冷色的视野里，囚车摇摇晃晃地载着逝梦者离去。一切遥远成恍惚，留下的只有亲人的泪水和梦的碎片。

身边的故事：

夜色古城

古城苏州，隆冬的一个深夜，小齐和两个朋友边聊边走着。昏黄的路灯点下斑驳的投影，路上很静，只能听见踩在雪上发出的咯吱声。忽然，两辆出租车在他们前后戛然而止，车门迅速打开，七名男青年手举长刀向三名男青年冲去。小齐和朋友本能地分别抱头逃窜，逃得最快的小齐，在甩开追赶者几十米后，招手乘上出租车疾驶而去。他的那两个朋友被截住，惊恐万状的他们被追赶者用刀背挑起额头并追问姓名。突然间，一辆110巡逻警车经过，两名追赶者被抓获，其余人等四处逃离，这才阻止了一场惨案的发生。

这样只有在电影里才能看见的画面，却真实地发生在一起聚众斗殴案的案发现场。这是一起经数次预谋后实施的持械聚众斗殴案。归案的5名被告人有两名在实施犯罪时未满18周岁，年龄最大的也仅19周岁。我们不禁要问，是什么深仇大恨，能惹得几个年轻的孩子如此大动干戈？

事情的起因要追溯到五天前，这天晚上，小齐到一家舞厅找朋友，年轻帅气的他一进舞厅就吸引了众多姑娘的眼球，虽然小齐早早离开学校，踏进社会，不过也很少到这种地方来。小齐找了一个角落，安静地坐在那里等朋友。这时一个姑娘走过来搭讪，想请小齐跳个舞，他推脱不会，但是还没等说完，就已经被姑娘拽进了舞池。一曲跳罢，小齐转身刚想回到座位，竟然被一个人拦住，那个自称叫小柯的人，对小齐推推搡搡，口口声声说小齐跟自己抢舞伴。莫名其妙的小齐怒火中烧，便向小柯挥了一拳，两人正欲斯打，被赶来的朋友拉开，并劝说一番。

本以为这件事就此作罢，谁知自认吃了亏的小柯随即联系了6个

"小弟兄"，一起购置了7把30公分到1米不等的砍刀，在被打后第五天的早晨，兵分两路，跟踪小齐，直至其深夜回家时实施报复行动。虽然小柯的计划最终以失败而告终，但是依然逃不过法律的制裁。根据该案的具体情况，法院在审理后对被告人小柯作出了有期徒刑2年的判决，对其余4名被告人均判处了有期徒刑并宣告缓刑。

因为所谓的受辱后的报仇，透着对法律的无知和亵渎。几个一起受邀帮忙的孩子，只不过是小学或是中学阶段的学生，一时的讲义气，害人害己。对于祸从天降的小齐来说，如果不是早早步入社会，整日出入复杂的娱乐场所，也就不会卷入这场无端的是非中，如果真的酿成惨剧，恐怕追悔莫及了。

通往牢狱的影城大门

热闹的电影城里，几个年轻的孩子痛苦地躺在地上动弹不得，身上血迹斑斑，只等着救护车到来……

最近电影院上映一部极好看的影片。上中学的小杰约了一个朋友，兴致勃勃地去看电影。

正要进放映厅，小杰随手把没吃完的包子揣进兜里，准备一起带进去，可被检票的女服务员小玉拦住了，理由是影院不允许外带食品进入。小玉让小杰把包子在外面处理掉再进去。小杰和朋友很不理解，和服务员理论起来，但小玉坚持不处理掉不让进，小杰看此情形，只好随手把未吃完的包子一股脑全扔进了门口的垃圾桶。这才顺利进了放映厅。

事情到这里原本可以风平浪静地过去。

可是，小杰心里感到很不爽，回过头愤愤地朝小玉丢了一句脏话。小玉一听立刻火冒三丈，"你给我出去。"小杰无所谓地说："你想怎么样?"小玉："现在的孩子怎么这么没有教养? 今天你进了影城我就让你出不去。""那就走着瞧!"小杰也狠狠地丢下一句话。

小杰又接着骂了几句，脚步不停地进去了。坐到位子上，小杰马上给几个同学打了个电话，说两个小时后到电影城来一下，刚才和人"扯皮"了，可能会有麻烦。

检完票，小玉憋屈不过，给自己的弟弟小达打了个电话，说自己刚才在检票时给人欺负了。一听姐姐被人欺负了，小达立刻喊上一块儿混社会的好友，去了电影城。

到了电影城，小玉说那个人已经进去了，等会儿散场，教训他一下就行了，别搞出事来。于是，小达一伙就在门口等电影散场。看见小杰走出来，小玉就指给小达，小达一个箭步上去顺手揪住小杰的衣领，小杰还没反应过来脸上就挨了重重一记耳光，另外几个人马上围了过来。这时，等在电影城的小杰的朋友也冲了上来。双方互不示弱，出手就打，也不顾下手轻重，不管身体部位，狠命打斗起来。小达一伙儿很快占了上风，直到打得小杰几个人倒在地上动弹不得，才罢手散去。这也就是开头那一幕了。

几个孩子伤愈后，都被警方以聚众斗殴罪刑拘。这样的教训，应该会够这些意气用事的孩子受用一生了。

一袋夺命奶

一天中午，中学生小如放学后，在校门口和同学说话。这时，一袋牛奶从天而降，正落在她跟前。塑料袋被摔破，小如新买的裤子被牛奶溅得脏兮兮的。"谁扔的牛奶？"小如怒气冲冲地朝牛奶飞过来的方向大喊。正值放学高峰，同学们熙熙攘攘。小如注意到三个男生从身后走了过来，便怀疑是他们扔的。"喂，同学！你这是什么意思？扔东西不看着点？"三个人中的一个偏瘦的男孩不耐烦地说："没什么意思，我扔时没看见你！""你眼睛有毛病啊！我这么大的人你没看见！看看我的裤子，你给我赔啊！"小如的脾气属于那种点火就着的类型，平时在班里也是飞扬跋扈，没有人敢欺负的。"我眼睛长在哪关你什么事？没看见就是没看见！什么破裤子，还好意思让人赔？"那个男孩不甘示弱，说完，便和朋友扬长而去。

还没有人敢在自己面前如此嚣张，失了面子的小如怒火中烧。

随后两天，四处打听那个男孩的来历，并暗自下定决心，一定要雪耻。终于，让小如打听到，他是本校高年级的学生，叫小良。之后，小如联系了技校的朋友小伟，并让他找几个人，准备好好教训一下小良。

小伟纠集了很多人，并准备了砍刀等凶器。傍晚，他带了6个人来到中学大门前，准备教训小良。谁知，小良早就有所察觉，所以也召集了4个兄弟，随时准备迎战。双方一见面，便大打出手，场面胶着，不可开交。"我当时从同伙手中接过一把砍刀，和他们一起冲进了亭子。我不知道被谁踹出了亭子。这时，从亭子里冲出一个瘦子，我拿刀朝他砍了三刀。之后我又冲进亭子朝一个胖子砍了两刀。"小伟在审讯室里回忆道。他口里的瘦子便是小良。

一件小事导致了一个年轻生命的逝去，并转折了十几个孩子的人生路。冷冰冰的墙壁隔开了两个世界，一双双染血的双手成了永远的噩梦，不知道什么时候，梦才能醒。

聚众斗殴罪，是指为了报复他人、争霸一方或者其他不

相关法律知识 ···

正当目的，纠集众人成帮结伙地互相进行殴斗，破坏公共秩序的行为。所谓公共秩序，不应简单地理解为公共场所的秩序，而是指在社会公共生活中应当遵守的各项共同生活的规则、秩序，在实际生活中，聚众斗殴犯罪可以是在公共场所，例如在公园、影剧院中，也可以是发生在较僻静的私人场所。因此，无论是在何种场所进行聚众斗殴犯罪活动，均应视为侵犯了公共秩序。

对于聚众斗殴，刑法处罚聚众斗殴的首要分子和其他积极参加者，对于一般参加者不以犯罪论处。只要聚众斗殴，原则上都应构成聚众斗殴罪。但是一方有聚众斗殴的故意性，另一方不具有聚众斗殴的故意性，则一方成立聚众斗殴罪，另一方不成立聚众斗殴罪。

关于聚众斗殴罪的量刑："犯聚众斗殴罪的，对首要分子和其他积极参加的，处三年以下有期徒刑、拘役或者管

制;有下列情形之一的，对首要分子和其他积极参加的，处三年以上十年以下有期徒刑：（一）多次聚众斗殴的；（二）聚众斗殴人数多，规模大，社会影响恶劣的；（三）在公共场所或者交通要道聚众斗殴，造成社会秩序严重混乱的；（四）持械聚众斗殴的。"

此外，聚众斗殴，致人重伤、死亡的，依照刑法第234条、第232条的规定定罪处罚。这说明在聚众斗殴活动中，一旦造成他人重伤、死亡的，一律按故意伤害罪、故意杀人罪定罪处罚。

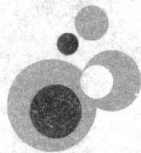

上述案例中的未成年人不论什么原因，大多由于自己的争强好胜，一时冲动，而走进了牢门。有很多孩子平日里很少得到家庭和社会的温暖，在社会上，跟着"江湖朋友"一起"混社会"，因此复杂的"江湖阅历"在孩子们的心上打上了"江湖规则"的烙印。同时，没有原则的讲义气，更是青少年意气用事，做事不计后果的重要原因。最后，他们是非观扭曲，法律观念淡薄，遇事思维狭窄，喜欢用暴力方式解决问题，因而走上违法犯罪道路。

这就要求我们青少年，首先，在学校和家庭中，积极加强自身的思想品德教育和法治道德教育，树立以人为本的观念，增强生命意识，关爱自己，尊重他人的生命；其次，要克服青少年逞强、好胜、霸道等不良心理，树立与人为善、与邻为伴的观念；培养自制力，学会调节控制不良情绪，学会用宽容和合作的态度处理各方面的关系；再次，学法、懂法、守法，增强法律意识，学会用法律的武器保护自己的尊严和权利。最终，通过帮助青少年树立健康科学的人生观、价值观，从根本上遏止聚众斗殴犯罪意识的产生。

冲动的惩罚

——关于寻衅滋事罪

成长中，迎着寂寞的风，漠视周围忙碌的身影，静看着那花开花落。也不知何时，无知的欲望如蜘蛛网一般缠绕过来，令人窒息。从那时起，四处的张狂成了心中唯一的抵挡，即便那会演变为罪恶。青春是一道明媚的伤。一味法律的苦药几经周折地将伤痛抚平，却依然留下了难以遮掩的伤疤。

身边的故事：

荒诞的生日会

生日可能是孩子们最为期盼的一天，在那天，可以收到许多祝福和礼物，还可以痛痛快快地放松一下，提出的要求，基本都会得到满足。可小乐的生日好像并不那么愉快，这天将成为他成长路上的一个惊叹号。

说起中学生小乐，一米八的个头在班上可谓出类拔萃，许多同学都羡慕不已。当然小乐自己也自视清高，认为已长大成人，便处处以成熟自居。可能就是这份骄傲为小乐本来平静的生活带来了些许波澜。

16岁生日那天，小乐从父母那要了几百块钱，把几个要好的同学请到附近的饭店，准备借生日之机好好潇洒一番。开始时，大家还比较拘束，席间有一位同学提议一起唱歌，打破了沉寂的场面，大家连声附和。于是，一帮人一边吃吃喝喝，一边乱哄哄地唱歌，更有的人用筷子敲碗，用脚使劲蹬地板，声音大得震耳欲聋。

由于声音太嘈杂，影响到了其他客人用餐，服务员实在忍受不了，于是进来劝大家声音轻一点、动作文雅一点。只见小乐借着酒劲，把眼珠子一瞪："老子付钱喝酒，敲坏东西我赔。"一句话把服务员气得语塞，转身出去了。不一会，经理走了进来，他刚想发话，便被小乐一把抓住衣领，死命往外推。经理一着急，反抓住小乐的衣服，请小乐一伙人出去。正在此时，不知谁大喊一声："经理有什么了不起，今天就给你点颜色瞧瞧！"说完，伙伴们应声而上，你一拳，我一脚，把经理打得趴在地上，有人还趁机摔酒瓶、砸盘子，在一旁起哄。服务员一见不好，连忙打"110"报警，警察及时赶到，事情才平息下来。

后经法医鉴定，经理肋骨挫伤，牙齿脱落一颗，身体多处受伤；同时查明，饭店的财物损失约三千余元。鉴于小乐等人在公共场所寻衅滋事，破坏社会秩序，造成一定的财产损失和人身伤害，公安机关以寻衅滋事为由，对小乐等人依法刑事拘留。

无端的祸事

有道是：好奇回眸换暴打，法盲少年诚悔悟，法外施恩轻量刑，改过自新重做人。这话说的，就是下面的这个故事。

闷热的空气渐渐散去，一丝清凉伴着人们进入了梦乡。午夜的路上，几乎没什么人，王某一个人赶着去接上夜班的妻子下班。刚刚走到一条偏僻的街道，忽然撞到一群手持砖瓦的年轻人满脸怒气，闹哄哄地擦肩而过，他不禁有些好奇，便忍不住回头看了一眼，随之，那群年轻人见王某回头望他们，不问青红皂白，轮砖便砸向王某。结果，王某就这样无缘无故地挨了围攻暴打，全身多处受伤。等到那伙人散去后，王某忍着疼痛，拾起电话，报了警。

在警方的全力追捕下，这群无业青年落网了。这些青年中，大部分都是未满18岁的孩子。经过调查，案情是这样的，那天晚上，在一个名叫李某的少年带领下，一群无业的年轻人喝完酒后，手持砖头准备去砸一家摩托车店。走到一个十字路口，看到迎面走过来的王某。李某借着酒劲，回头跟身后几个人说："他只要敢回头看我，我就揍他。"没想到，王某真的因为好奇而回头望了一眼，李某注意到回头的王某，便气焰嚣张地将砖头朝王某头上砸去，并招呼其他人一块狠揍，王某被打得头破血流、跪地求饶，直到见王某满身是血，才悻悻地离开。

法庭鉴于李某等人作案时未满18周岁，具有法定应当从轻或者减轻处罚的情节，而且李某归案后认罪态度较好，积极赔偿了被害人的经济损失，并取得了王某的原谅，有悔罪表现，为贯彻对未成年犯"教育、感化、挽救"的方针，促使未成年犯改过自新、重新做人，依法对李某从轻处罚，判处有期徒刑6个月。

相关法律知识

青少年在寻衅滋事罪上通常有一个误区，认为平时打打架，闹闹事，顶多是破坏公共秩序和治安，根本没有触犯法律，更构不成犯罪。

其实不然，所谓寻衅滋事罪，是指肆意挑衅，随意殴打、骚扰他人或任意损毁、占用公私财物，或者在公共场所

起哄闹事、严重破坏社会秩序的行为。

寻衅滋事罪的量刑：一方面，寻衅滋事行为不仅侵犯个人法益，而且侵犯社会法益。另一方面，刑法将情节恶劣、情节严重、造成严重混乱等设置为成立条件。所以，寻衅滋事罪的法定刑重于故意轻伤、敲诈勒索罪、盗窃罪的基本法定刑。

为正确适用刑法关于寻衅滋事罪的规定，严厉打击寻衅滋事犯罪活动，维护社会秩序，现根据刑法及相关司法解释，对在司法实践中办理寻衅滋事案件的若干法律问题提出以下意见：

1. 有下列情形之一，破坏社会秩序的，属于《刑法》第293条中的"情节恶劣"或"情节严重"，应以寻衅滋事罪论处：（1）在2年内实施3次以上寻衅滋事行为的；（2）随意殴打他人造成1人以上轻伤或3人以上轻微伤的；（3）追逐、拦截、辱骂他人、致使他人无法正常生活、工作，或者造成他人精神失常、自杀等严重后果的；（4）强

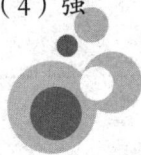

拿硬要公私财物价值人民币1 000元以上、任意损毁公私财物2 000元以上或者任意占用公私财物1万元以上的。总之，因实施《刑法》第293条中的四项行为之一而构成其他更重罪行，以重罪论处。

2. 非法插手民间纠纷，殴打他人的，以随意殴打他人论；强行收取各种形式保护费，或者非法插手民间纠纷，以强迫手段索赔、讨债、从中牟利的，以强拿硬要论。

根据《刑法》第293条规定：有下列寻衅滋事行为之一，破坏社会秩序的，处5年以下有期徒刑、拘役或者管制：（1）随意殴打他人，情节恶劣的；（2）追逐、拦截、辱骂、恐吓他人，情节恶劣的；（3）强拿硬要或者任意损毁、占用公私财物，情节严重的；（4）在公共场所起哄闹事，造成公共场所秩序严重混乱的。此外，纠集他人多次实施前款行为，严重破坏社会秩序的，处5年以上10年以下有期徒刑，可以并处罚金。

寻衅滋事罪在如今的青少年身上时有发生，这是我们一不小心便会涉足的泥潭。许多青少年之所以会触犯寻衅滋事罪，主要原因在于，处在这个人生阶段的青少年叛逆心理严重。在校的学生容易厌学，通过逃学、恶作剧、打架等方式来表达自己精神的空虚或是打发寂寞无聊的日子，同时希望以此来寻求精神刺激。而早早踏进社会的青少年，经常无所事事地混迹于闹市，一方面觉得人生没有方向，另一方面又在城市的灯红酒绿中煎熬，因此这些青少年极易走上犯罪道路。因为青少年心智发展还不成熟，不容易控制自己的情绪，容易结帮成对，并且一些黑恶势力会利用青少年这些性格特点将他们作为"后备军"，吸纳青少年进入黑色组织，最后通向人生的死胡同。

所以我们青少年，要努力克服生活上和学习上的困难，增强其自信心、进取心。同时，慎重交友，坚持立场，抵住诱惑。主动参加各项阳光活动，让黑恶势力无机可乘，激发自己的热情，促使自己形成积极向上的人生观与价值观，对自己可能或者已经遇到的心理问题能及时与家长、老师沟通。值得我们注意的是，很多孩子是含着金汤匙出生的，在他们身上有着与生俱来的优越感，越是这样，才越要严格自律，遵纪守法，争当先进青少年的典范。除此之外，全社会更应该关注青少年的成长，家庭、学校、社会要多方结合，齐抓共管，有效地预防和减少未成年犯罪。

二、财产犯罪篇

劫走心灵的向日葵

——关于抢劫罪

　　每一个人心里都有一株属于自己的向日葵，可是成长的天空并非一直都会阳光普照，当遮天蔽日之时，那株向日葵该何去何从？也许，豆大的雨滴会打落花瓣，也许，怒号的狂风会吹走枝叶，每一次洗礼都是一次考验，可就是这些千回百转，孕育了生命的叹息和悲凉。是什么劫走了心灵那朵灿烂的花？又是什么填写那页被撕裂的空白？

身边的故事：

优秀少年的暴风雨洗礼

夕阳的余晖不那么刺眼，映着水泥马路，充满了温馨。可这样柔美的光却被挡在小军的心外。"我该怎么办?"小军皱着眉,在回家的小路上踱着步。原来,小军的同班同学新买了一辆高档自行车,小军见了,喜欢得不得了,便向同学借了来。可是,不幸的事情发生了,这天小军放学出来,欣喜地直奔停车场,到了那却傻眼了,停车场空空如也,借来的那辆高档自行车不翼而飞。

小军四处找寻,哪里还有自行车的影子,他蹲在地上,无助地抱着头……小军边往家走,边揣度着。正当这时,小军一抬头,看见了路边一家网吧。此时的网吧人不太多,老板娘正在整理当天赚的钱。小军看着老板娘漫不经心地数着从柜台的抽屉里拿出的一沓钞票,不禁心生了歹意……

夜幕降临,一切都笼罩在黑暗之中。小军谎称去同学家温习功课,一个人偷偷地来到了网吧。这个时候,网吧快要下班了,所以人不是很多,小军悄悄地混进去躲了起来。小军藏了一会,看到网吧老板和老板娘整理机器,准备锁门回家,他便溜到柜台前,准备盗窃抽屉里的钱。孰料,小军刚一伸手,就被网吧老板发现了,于是老板大叫一声:"快来人啊!有贼!"并紧跟着向小军冲了过去,被吓坏的小军惊慌失措,本能地抽出了准备好的菜刀,对老板夫妇进行一番恐吓,网吧老板夫妇不敢硬来,便任凭小军抢走了收银台仅有的七百多元现金。

　　小军魂不守舍地回到家中，一夜无眠。第二天，他不安地来到了学校，赔给了同学二百多元钱后，心不在焉地听着老师讲课。他脑中不断地浮现自己拿着刀恐吓网吧老板夫妇的场景，不断地想象着自己被警察带走的场面。不久，想象的事情变成了现实。还没等第一节课上完，小军便被警方带走了，留给老师同学的是不解和疑惑。

　　由于小军在学校一向表现良好，学习成绩优异，又考虑到高考在即，小军确实是个优秀的孩子，只是一时迷失心智，于是学校多方进行努力，再加上小军认错态度比较好，检察院终于同意小军取保候审，打算高考结束后再对他提起公诉。

　　回到学校的小军，十分珍惜来之不易的学习机会，投入了紧张的高考复习，想到自己两鬓斑白的父母，想到自己犯的大错，小军不想让自己的人生再留有遗憾，考上大学，是小军唯一的心愿。也就在这时，四川省发生了百年不遇的"5·12"地震。这次地震让全中国所有的人都感到震惊，很多人都投入到抗震抢险的队伍中。小军自告奋勇，成为了一名光荣的志愿者。他主动深入到灾区前线搬运救灾物资，还独自照料二十余名伤者。每天早上6点起床，忙到凌晨才休息，直到学校复课才来。

　　高考结束的第二天，民警和检察官就相继找到他，要他做好思想准备，等候检察院起诉通知。此时的小军每天以泪洗面，后悔莫及。

他知道，一旦案件被定性，他这一生就会因此暗淡。小军一直都梦想考上大学，可谁知会因为一时的恶念铸成大错。小军多想能有一次改过自新的机会，多想这一切都没有发生过。伴随着小军的懊悔，高考成绩下来了，他以553分优异的成绩顺利拿到省某高校的录取通知书。

一个阳光明媚的上午，小军和家人忧心忡忡地来到检察院，等待着判决。当检察官当场宣读免予起诉决定意见书，给他一次重新做人的机会时，小军和母亲抱头痛哭，这意味着小军可以继续他的梦想了。小军擦干眼泪，向在场所有的人表达着自己的谢意，大家都相信他将用未来的生命回报社会和国家，这朵优秀之花将在这次暴风雨般的洗礼之后，会以重生的姿态开得更加绚丽多彩。

永远的阴霾

繁华的都市灯火酒绿，物欲横流。一群不满18岁的年轻人在这样的城市里放纵着自己的青春，任凭耀眼的灯光迷住双眼。他们丧失了自我，整日游手好闲，沉迷于各色的夜店、网吧。聊天，打游戏，几乎充斥着他们全部的生活。他们没有一技之长，没有谋生的本领，却每天想着轻松地赚大钱。他们不知道，这一切正无声无息地将他们引向阴暗的牢房。

深圳的夜华丽而奢侈，蒙蒙的夜色笼罩着贪婪的心。强强点燃一支烟，正准备在网吧通宵上网。这时，旁边邻座的一个女孩子主动凑过来，她顶多十七八岁，可稚嫩的脸上已经被胭脂水粉堆砌得看不出年纪。"我叫小红，大哥，咱们聊聊吧！我一个人也挺没意思的！"女孩子自报家门，说话的声音软软的，让人无法拒绝。强强想，聊聊也无所谓。没多久她便提出让强强跟自己到住处"坐坐"。

强强和小红双双离开了网吧，边走边聊，两个人沿着村中的小路向前走着。就在这时，强强突然发现身后有几个身影晃动，他下意识地转过身看，发现三个人正鬼鬼祟祟地跟着他们。强强感觉情况不对，但已经来不及脱身。跟在强强身后的三个人突然冲上来，对着强强拳打脚踢，其中一个人竟还凶残地掏出刀子向强强的背部、左手砍去。强强终于晕倒在地。几人急忙跑上前从强强身上搜出了一个钱包和一部手机。

原来小雨、小安、小勇和小红是高中的同班同学，因整日游手好闲、打架斗殴而被学校开除学籍了。四个人并没有因为被学校开除而感到伤心，反而他们觉得获得了前所未有的自由。他们每天混在一起，寻欢作乐，花天酒地，将自己的花季全部消耗在酒精里。

终于有一天，四个人觉得这样入不敷出的日子不是长久之计，没有钱，什么都做不了。于是他们精心设计了这次抢劫事件，以美色作诱饵，实施犯罪。在强强身上，他们尝到了甜头，新的阴谋又开始酝酿了。

他们担心继续留在深圳会引起警方的注意，于是小雨提议到上海寻找机会。四个人很快达成一致。刚到上海，他们先是痛痛快快地玩了几天，可是很快他们便发现上海玩的地方多，消费也高，经济上的窘迫让小雨等人不得不马上寻找新目标。

经过仔细研究，四个人决定故伎重演。他们找了一家稍偏僻的网吧，小红盯准目标，主动上前搭讪。这位名叫张某的年轻人哪里知道这是一个陷阱，很快便坠入小红的温柔乡。小红带张某回到在上海的临时住所，说自己要回卧室换衣服，让张某在客厅等一会。突然，小雨、小安、小勇三个人从房间里冲出来，不容分说就对张某一顿拳打脚踢。小雨还声称张某欺负自己的女朋友，打得格外凶狠。之后三个人又用事先准备好的塑料绳将张某捆绑在客厅的凳子上，并用胶带封住他的嘴巴，蒙上他的眼睛。然后将张某身上的财物洗劫一空，并按照事先商量的，逼迫张某打电话回家，让他的家人将5 000元汇入小红的银行卡内。

小红提议几个人一起去拿赎金，以防他的家人报警，大家在一起有个照应。简单的部署之后，几个人就出发去拿赎金了。

张某独自一人想办法挣断了绳子，顺着阳台旁的水管往下爬。一个不小心从二楼掉了下来，在一位路人的帮助下，张某被送到了医院，并报了警。不久，小红几人被警方逮捕归案。

都市的繁华依旧，迷失方向的年轻人依然游离于城市的各个角落，连同污浊的空气，混沌着自己的人生。这样的悲剧不禁令人惋惜，同时也将成为他们心中永远的阴霾。

相关法律知识 ··

抢劫，是以非法占有为目的，对财物的所有人或者保管人当场使用暴力、胁迫或其他方法，强行将公私财物抢走的行为。所谓暴力，是指行为人对被害人的身体实行打击或者强制，较为常见的有殴打、捆绑、禁闭。这里的胁迫，是指行为人对被害人以立即实施暴力相威胁，实行精神强制，使被害人恐惧而不敢反抗，被迫当场交出财物或任财物被劫走。这里的其他方法，是指行为人实施暴力、胁迫方法以外的其他使被害人不知反抗或不能反抗的方法。比如用酒灌醉，用药物麻醉等。

抢劫罪是如何量刑的？在我国,凡年满14周岁并具有刑事责任能力的自然人，均可以构成抢劫罪的主体。依据我国

《刑法》第263条规定，犯抢劫罪的，处3年以上10年以下有期徒刑，并处罚金；有下列情形之一的，处10年以上有期徒刑、无期徒刑或者死刑并处罚金或者没收财产：（1）入户抢劫的；（2）在公共交通工具上抢劫的；（3）抢劫银行或者其他金融机构的；（4）多次抢劫或者抢劫数额巨大的；（5）抢劫致人重伤、死亡的；（6）冒充军警人员抢劫的；（7）持枪抢劫的；（8）抢劫军用物资或者抢险、救灾、救济物资的。同时，依照法律规定可以得知，如果没有犯罪未遂、中止、未成年人等法定的减轻处罚情况，入室抢劫的最低量刑在10年以上。

两例故事不禁引起我们的深省。据研究发现，多半犯抢劫罪的未成年人具有盲目性、突发性、无知性几个鲜明特点。正如我们在第一个案例中提到的小军，没有周密的计划，只是临时因为缺钱而动了抢劫的念头。这也就提醒我们所有的青少年，在遇到突发事件时，要时刻警示自己不能触犯法律，并立即向老师家长反映情况，勇于承认错误，把邪恶的念头及时制止住，以免铸成大错。不过值得欣慰的是，小军及时悬崖勒马，改过自新，在学校和家长的帮助下，挽回了自己的人生。正所谓人非圣贤，孰能无过，知错就改，善莫大焉。如果能及时认识并改正自己的过失，法律会给你一个公平的判决。

其次大多青少年参与的抢劫罪都具有聚众性、残酷性特点。像我们在案例二中提到的4名青少年，个体势单力薄，很难作案成功，便拉帮聚伙，这就是典型的聚众性。同时他们持刀抢劫，几乎伤害他人生命，手段残忍，这也正突出了青少年正处于性情波动期，情绪不稳定，争强好胜，不考虑事情后果的性格特点。这些都极其能够导致一发而不可收拾的惨剧。所以，我们青少年要努力追求上进，一定要保持清醒的头脑，不受他人蛊惑，提高自身辨别是非的能力和综合素养，在任何时候，都要以自己的学业为重，不放弃内心对真、善、美的追求和对人格的锤炼，只有这样才能健康快乐地成长。

敲打中的青春
——关于敲诈勒索罪

当抬首仰望天空、寻求过往之时，记忆中不是璀璨激扬的岁月，而是发抖战栗的青春，我们的心将如何自持？染指流年，我们挥霍了大把的青春，年少时的肆意、张狂和不羁，是否已让我们遍体鳞伤？岁月无痕，青春未央，谁能将一道道罪痕中交织的血泪抹去？谁又能把这明媚中浸透的忧伤抚平？敲打中的青春，几番轮回，残留下的只有孤独和眼角一抹随风散去的晶莹。

身边的故事：

一粒毒糖

午后的风夹杂着田里麦苗的香气，徐徐而起。院子里，张大爷坐在阴凉处，剥着花生，心里掂量着给一会放学回来的孙儿炒着吃。他的孙儿叫强强，上小学四年级，乖巧懂事，最喜欢吃香喷喷的炒花生。

"爷爷，我回来啦！"强强蹦蹦跳跳地跑进院子，边放下手里的书包，边从兜里掏出一块包装精美的糖果，放在爷爷手里。张大爷疼孙子，自然是舍不得吃的，剥开糖纸，塞到强强的嘴里。"爷爷，我今天特别幸运，刚一出校门，就碰到个哥哥，他给我好看的糖果！还给我一封信，说是吃完给家长看！"张大爷看着强强美滋滋地吃着糖，便把信揣进兜里，没往心里去。

花生在锅里泛着油花，嗞嗞地响着，浓郁的香气溢满整个屋子。可就当张大爷准备拿碗盛花生时，强强一声惨叫吓住了他。张大爷急忙跑到院子里，只见强强瘫倒在地，手脚抽搐，嘴里吐着白沫。"孙子！"张大爷慌忙抱起孙子跑出了家门。

医院里，可爱的乖孙被推进抢救室。这时，强强的父母也赶来，张大爷带着自责和痛心向儿子儿媳讲述了事情的经过。"爸，那信呢？"张大爷见儿子问起，忙从兜里掏出那封信。大家看到信后，全都傻了眼。信上说强强吃了带"蛇毒"的糖，这种蛇毒只有他——那个强强口中卖糖的"大哥哥"有解药，"如果想要解药，就往指定的账号上存入5万元钱"。张大爷与家人商量后决定报警。

警方接到强强家人的报警后，立即展开调查。结果发现，那个

"大哥哥"给的银行账号的姓名是假的。而就在此时，另外一个公安局刑警大队重案中队也接到了类似报案。一个8岁的孩子小龙也吃了一个所谓的"大哥哥"给的糖果，并且也带了一封勒索信回家。之后，孩子同样出现了药物中毒症状，但查不出所中何毒。

多次出现这样残害少年的案件，让重案组的队员们痛心疾首，可是由于作案人非常狡猾，当事人又都是些孩子，给了解取证增加了难度，同时也延缓了侦破进度。看着一个个花一样的少年躺在病床上，不能上学，不想见人，眼神里充满了陌生和恐惧，重案中队中队长王志再也坐不住了，他带着手下干警马不停蹄，连夜辗转了五个市县，终于将犯罪嫌疑人——不满18岁的谢某绳之以法。

原来这个谢某本是初三的学生，曾因抢要一名小学生手表未遂，便心有不甘，对这名学生进行投毒，并让孩子带敲诈信回家，当时孩子家长怕出事，就按谢某的要求往指定账号上存入了1万元钱。因为药力小，吃了糖果的孩子并没有出事。于是他"胃口大开"，接下来的几次投毒，便向受害人家长敲诈索要5万元钱。

谢某还说，他在作案前，曾苦心钻研，对所用药物进行过多次试验，最后选用了在糖果里加入药物的方法作案。

如今强强已经痊愈出院，依旧活泼开朗，依旧喜欢吃爷爷炒的花生米。可是他的那位"大哥哥"却在铁窗里反省着自己的错。多少个夜晚，他一次次将毒药灌进糖果里，殊不知，毒药已经将糖果溶化，浸满了他的心……

盗墓笔记

当下流行一部长篇小说，堪称出版界的神作，这就是南派三叔的代表作《盗墓笔记》。这部小说以盗墓为题材，充满了悬疑和探险的色彩，受到了很多青少年读者的追捧，开启了一轮"盗墓时代"。都说艺术源于生活，可令人万万没想到的是，这盗墓笔记，竟然在生活中上演了。

这天清晨，小梦被一阵急促的手机铃声吵醒。她迷迷糊糊地睁开红肿的眼睛，下意识地拿起手机，"可能是慰问的电话吧。"小梦心里想着。不久前，小梦的叔父过世了，他无儿无女，一直把小梦当作亲生女儿看待，所以叔父的身后事全部由小梦一手操办。她在市里北山为叔父买了块较好的墓地，希望他老人家能够安息。

小梦接起手机，"小梦吗？你叔父的墓地被盗了！请你马上过来一趟！"小梦吓了一跳，慌乱地穿好衣服，直奔北山陵园。公墓管理处负责人见到小梦，向小梦述说了事情的原委。原来就在小梦叔父下葬的第二天，管理处负责人便接到了一个神秘电话。电话那边是一个很凶恶的声音，声称将小梦叔父的骨灰偷走了，现藏在一个秘密的地方，必须交出1万块钱，否则就把骨灰毁了。负责人也不知如何是好，便告知了小梦。由于担心自己亲人的骨灰真的被作案人毁掉，小梦没有让负责人报警，两个人商量一下，决定这钱各出一半，算是了结。就在钱汇过去的当天下午，管理处负责人就接到短信，说是骨灰盒被扔到附近的一个水塘里。随后，小梦几人便在水塘内打捞出了骨灰盒。

小梦的噩梦刚刚过去，谁知盗墓的黑手竟伸向了庄严肃穆的烈士陵园。烈士陵园管理处向警方报案，说是接到了敲诈勒索的电话，对方称将烈士陵园里的骨灰盒盗走了一个，并索要6万元。管理处的工作人员经过检查，确实有一个骨灰盒不见了。

警方接到报案后，没费吹灰之力，便将犯罪嫌疑人抓获。当公安干警将两名嫌疑人带到审讯室时，在场的人员都惊呆了，眼前竟是两个文弱的孩子。小文和小雨都是高二的学生，两个人在无意中想到了这个简单的取财之道，不久便付诸实践。在小梦那得到了一万元钱，二人更是再接再厉，将目标锁定在烈士陵园。根据两人的交代，警察顺利地在陵园附近的一堆乱石里找到了丢失的骨灰盒。

"前走三后走四，是土夫子的土语，意思是做事情之前要考虑三步，做之后要考虑四步。做任何事情前，你都必须考虑到后三步会发生的事情和处理的办法。如果发现你无法解决，你这事情就不能做，而且这样的考虑必须养成习惯。"这是《盗墓笔记》中一段经典的语录，想必两名年轻人都未曾读过，否则他们不会有失足之恨，更不会为此付出惨痛的代价。

相关法律知识

青少年敲诈勒索案件是近年来多发的违法事件，据青少年研究中心的调查数据表明，某些市、县的小学、中学至少有15％的学生受到过侵害，有的学校高达25％。所以我们一定要清楚刑法中敲诈勒索罪的界定，以及它的量刑。

敲诈勒索，指以非法占有为目的，对被害人使用威胁或要挟的方法，强行索要公私财物的行为。敲诈勒索罪在主观方面表现为直接故意，必须具有非法强索他人财物的目的。如果行为人不具有这种目的，或者索取财物的目的并不违法，如债权人为讨还久欠不还的债务而使用带有一定威胁成分的语言，催促债务人加快偿还等，则不构成敲诈勒索罪。敲诈勒索罪在客观方面表现为行为人采用威胁、要挟、恫吓等手段，迫使被害人交出财物的行为。威胁，是指以恶害相

通告迫使被害人处分财产，即如果不按照行为人的要求处分财产，就会在将来的某个时间遭受恶害。威胁内容的种类没有限制，包括对被害人及其亲属的生命、身体自由、名誉等进行威胁。所谓要挟，通常是指抓住被害人的某些把柄或者制造某种迫使其交付财物的借口，如以揭发贪污、盗窃等违法犯罪事实或生活作风腐败等相要挟。

关于敲诈勒索罪的量刑：根据我国刑法第274条有关规定：敲诈勒索公私财物，数额较大或者多次敲诈勒索的，处3年以下有期徒刑、拘役或者管制，并处或者单处罚金；数额巨大或者有其他严重情节的，处3年以上10年以下有期徒刑，并处罚金；数额特别巨大或者有其他特别严重情节的，处10年以上有期徒刑，并处罚金。其中根据相关司法解释，"数额巨大"是以1万元至3万元为起点。

卢梭在《论人类不平等的起源和基础》中说道："服从法律，

无论是我或任何人都不能摆脱法律的光荣的束缚。"近年来，我国青少年敲诈勒索犯罪屡见不鲜，对广大人民群众的生命和财产造成了严重的威胁和侵害，也是构建和谐社会的重大障碍，同时这些案件严重危害学生的财产、安全、健康、生命，对学校安全与教学秩序的破坏性也很大，影响学校稳定，败坏学校风气。

通过上述的两个案例，我们可以发现作案人大多是不上学或辍学的青少年。他们由于缺乏文化知识，非常容易受外界不良因素影响。所以我们一定要把学习放在首位，用科学知识武装保护自己，用知识来创造财富。

此外，作为国家支柱和未来的青少年们应树立自尊、自律、自强意识，增强辨别是非和自我保护能力，自觉抵制各种不良行为及违法犯罪行为的引诱和侵害，同违法犯罪活动作斗争。如果遇到罪犯侵害，应果断报警，如案例二中的小梦，她如果不畏首畏尾，及时与警方取得联系，那两名少年便能及时悬崖勒马，不会一错再错。

减少敲诈勒索犯罪是一项多角度、多部门的系统工程，不仅要强化家庭教育，还要加强学校的日常教育管理，同时也要做好社会监督工作，争取将青少年敲诈勒索犯罪扼杀在摇篮里。

偷来的阳光

——关于盗窃罪

五彩的青春，五彩的梦，色彩斑斓的日子洋溢着如花般的美好。可是风吹过，雨打过，经历了风雨的洗礼，那样的花季变得泥泞不堪。甩掉身上的污点，清理岁月的痕迹，可难以去掉的却是如寄生虫般滋长的铜臭味。铁窗、围墙、镣铐桎梏了青春的步伐，可那盗来的铜臭味随时间的散去而丝毫不减，也许只有这样，才能让生命在惨痛中祭奠犯过的错。

身边的故事：

是大侠还是大盗？

金庸的武侠小说家喻户晓，里面描写的英雄豪杰个个武功高强，身怀绝技。其中不乏劫富济贫、锄强扶弱的大盗怪侠。如今，让人大跌眼镜的是，在公安机关的审讯室里，一个因盗窃罪被刑拘的少年，正是一名飞檐走壁的"大盗"。身材矮小、身手敏捷的16岁少年，凭着自己的"天赋"，半年多的时间里入室盗窃一百多起，窃得六万多元的财物。

这名少年叫小亮，刚刚年满16岁，却是个盗窃惯犯。截至去年年底，小亮因为盗窃，已经被公安机关抓获了不下十次，但是均因为不到刑事责任年龄而被释放。

从去年9月初，不断有村民报案，称自己家里被盗了，损失少则数百元，多则几千元。警方立即对案发现场进行了勘查，从现场遗留的痕迹看，犯罪嫌疑人用的是钻窗入室的手法。

几天内就作案数起，偷了上万元，很明显来者不善，同时作案人反侦察的能力很高，现场留有的痕迹不是很多，对于案件的侦破，造成了很大的难度。警方从几个作案现场仔细寻找，提取到了犯罪嫌疑人的指纹。经过多番比对，犯罪嫌疑人终于浮出了水面。

法网恢恢，疏而不漏。在警方紧锣密鼓的追捕下，小亮终于落网，同时其他几名同伙也陆续归案。小亮在审讯室里对自己的犯罪事实供认不讳，并讲述了自己的"成长经历"。小亮的家庭不富裕，所以在他年幼时父母就到外地打工，小亮是由年迈的奶奶带大的，读完小学，他就不再念书，整天游手好闲，干一些偷鸡摸狗的事。随着年龄的增长，小亮的"身手"也进步很快，"钻窗入户"是他的招牌动作。渐渐的，小亮有了名气，几个年龄相仿的少年尊称他为"神偷"。他在众人的追捧下沾沾自喜，以为自己就是武侠小说里的大侠。就这样，小亮像明星一样，也没有亏待自己的"粉丝"，收他们为徒，传授他们偷盗的本领，一伙人到处作案。

据小亮的"徒弟"们说，"神偷"长得矮小，又身手敏捷，没有他进不去的屋子。小亮自己也颇为自豪地说："只要屋子有窗子，我就能想办法钻进去，我已经记不得自己钻过多少家的窗户，进去之后只要值钱的东西都偷，小学毕业之后我就没有向家里要过钱！"看着他一脸无知的骄傲，民警们都无奈地摇了摇头，心里想：孩子啊，当你在钻别人家的窗户时，就没想过自己会被关进这铁窗吗？有道是：飞檐走壁行盗义，不慎失足落铁窗。

五朵凋零的花

小哲、林林、小明、小强和小刚是从小一起长大的玩伴。几个人天天在一起，形影不离，他们约定读一样的学校，找一样的工作，永远是最好的朋友。谁知，一念之差，儿时的美好刹那间如泡沫般幻灭了。

小哲等五个人在去年如约考上了沪市的一所中学。录取的喜悦让五个兄弟欣喜若狂，几个人为此提前从镇里来到沪市报到，也提前感受一下大城市的喧嚣和繁华。没到1年，5个孩子就习惯了大都市的生活，夜店、酒吧，对于他们来说有着莫名的吸引力。后来几个人干脆不去上学，整日泡在网吧打游戏，沉醉于虚拟的世界中。

很快，家里寄的生活费用完了，手头拮据的5个人开始到处借钱赊账。但是这并不是长久之计，总要想个来钱的道，于是5人心生了盗窃发财的念头。一天，几人坐地铁去买东西，心细的小哲，将目光锁在了轨道交通二号线电动扶梯两侧的钢护板。小哲发现，到了晚上，轨道交通二号线各站点没有运营车辆，而且门户大开，任何人都可以随意出入，更重要的是，裸露在外的电动扶梯两侧钢护板价格不菲。并不难拆卸，只需要螺丝刀轻轻一撬即可。

小哲的这一发现很快得到了其他四个兄弟的认同，因为他们完全不知道，这一行为一旦实施，便可能构成盗窃罪。几个孩子只是简单地觉得，几块钢板而已，即使被发现了，也是无足轻重的。于是五个人简单计划了一下，通力合作，正如小哲想的那样，钢板不难拆卸。一日凌晨，小哲带着小刚和林林来到轨道交通二号线某站二号口，使用螺丝刀将该站内的电动扶梯钢护板卸下了5块，随后，小哲几个将钢护板卖给无证的废品回收人员，拿到了将近五千块钱。

第一次就有不小的收获，几个人大受鼓舞，一面挥霍着不义之财，一面继续在凌晨轮流出没于地铁站先后盗窃多达十多次，窃取了85块钢护板、4块钢框，共计价值七万余元。

在短短的半个月时间内，五人一共盗窃钢护板近一百块，价值将近八万元。几个人满心欢喜，觉得没有比这来钱更容易的了，可是他们几个不知道，由于他们破坏了电动扶梯钢护板，轨道交通二号线早高峰时期的正常运作多次受到了影响，甚至有几次，差点出现了严重的事故。为此，警方已经着手调查。

这天深夜，小哲5个人一如往常地在网吧里打着游戏，几个公安民警已经站在他们的身后。当冰冷的手铐戴在了亲如兄弟的5人手上，几个人相视互望了一下，都低下了头。此时，他们才意识到等待他们的是什么，儿时的愿望已经永远地破灭了，剩下的只有患难与共了。

相关法律知识

盗窃，指以非法占有为目的，秘密窃取数额较大的公私财物或者多次盗窃公私财物的行为。本罪的四个主要特征：

（1）侵犯的客体是公私财物的所有权。本罪侵犯的对象是公私财物，即国家、集体所有或者公民个人所有的各种

财物。（2）客观方面表现为行为人实施了秘密窃取数额较大的公私财物或者多次盗窃的行为。（3）本罪犯罪主体是一般主体。即年满16周岁并具有刑事责任能力的自然人都可以构成本罪。不满16周岁的人实施了盗窃行为不构成犯罪。（4）本罪在主观方面只能由故意构成，并且具有非法占有的目的。

盗窃罪与一般盗窃行为的罪限。其区分有数额和次数两个可供选择的标准，只要具备了数额较大或多次盗窃其中之一的，就构成盗窃罪，否则，只是一般违法行为。此外要把盗窃自己家里或近亲属财物的行为与社会上的盗窃罪区别开来。这里所指的"盗窃自己家里"的财物，主要指偷窃共同生活的近亲属的财物，也包括偷窃共同生活的其他非近亲属的财物。共同生活的近亲属的财物和非近亲属的财物不等于本人的财物，但又与非共同生活的其他人的财物有所区别。

关于盗窃罪的量刑，我国刑法有较详细的标准：

1. 盗窃数额较大，法定刑在3年有期徒刑以下的量刑标准：1 000元以上不满2 500元的，处管制、拘役、有期徒刑6个月或单处罚金；2 500元以上不满4 000元的，处有期徒刑6个月至1年；4 000元以上不满7 000元的，处有期徒刑1年至2年；7 000元以上不满10 000元的，处有期徒刑2年至3年。

2. 盗窃数额巨大，法定刑在3年至10年有期徒刑的量刑标准：10 000元以上不满17 000元的，处有期徒刑3年至4年；17 000元以上不满24 000元的，处有期徒刑4年至5年；24 000元以上不满31 000元的，处有期徒刑5年至6年；31 000元以上不满38 000元的，处有期徒刑6年至7年；38 000元以上不满45 000元的，处有期徒刑7年至8年；45 000以上不满52 000元的，处有期徒刑8年至9年；52 000元以上不满60 000元的，处有期徒刑9年至10年。

3. 盗窃数额特别巨大，法定刑在10年以上有期徒刑及

无期徒刑的量刑标准：60 000元以上不满78 000元的，处有期徒刑10年至11年；78 000元以上不满96 000元的，处有期徒刑11年至12年；96 000元以上不满114 000元的，处有期徒刑12年至13年；114 000元以上不满132 000元的，处有期徒刑13年至14年；132 000元以上不满150 000元的，处有期徒刑14年至15年；150 000元以上的处无期徒刑。

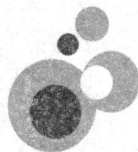

几个铁窗的案例如盆冷水，浇得我们透心彻骨地寒！都是正值青春年少，都是大好年华，无论是自命不凡的"大侠"，还是情同手足的5兄弟，他们就这样在冰冷的铁窗里为一时的贪念，洗刷着满身铜臭。我们在为他们的下场感到惋惜的同时，不禁要扪心自问，为什么这一严重的犯罪会发生在青少年身上呢？

据调查，盗窃犯中，初中和小学文化的占81%。文化素质低下使他们缺少起码的鉴别能力，又因为年纪小，无一技之长，很难找到合适的工作，面对别人富裕的生活，心理上失去平衡，容易产生不劳而获的念头，从而走上歧途。就像那位"大侠"，都深陷囹圄，竟浑然不知，依然自恃骄傲，着实令人无奈。其次就是青少年的法治意识淡薄，如那5个兄弟，如果有些法律常识，清楚触犯法律的后果，想必就不会共结牢狱了。

所以青少年一定要痛定思痛，汲取教训，积极地树立正确的人生观和价值观，加强法律意识，知法守法，努力学习科学文化知识，用知识武装自己，用知识创造属于自己的财富。

欲望的囚徒

——关于诈骗罪

纷繁世界中，吵闹、喧嚣、摩擦、尔虞我诈、勾心斗角，都归结为欲望。如果生活是海，那么欲望如潮，每次阴晴圆缺，每次潮涨潮落，都牵动着世间凡人的心。尤其是那些不谙世故的青春少年，肆意地用欲望演绎着残落伤感的故事。自由的梦、快乐的心，在支配与被支配的过程中，早已沦为欲望的囚奴，任由贪婪和无耻宰割。

身边的故事：

股市之外的骗局

都说"股市有风险，投资需谨慎"，可是一对热衷炒股的中年夫妇万万没想到的是，自己却领受了股市之外的"巨大风险"。两个人辛辛苦苦攒了一辈子的血汗钱竟然被一个小毛孩骗走了。

　　这个小毛孩叫小利，还不满18岁，是一个地地道道的九零后。他从小个性活跃，思维敏捷，是个非常聪明的男孩，家人对他给予了很大的希望。可不想，他并没有将聪明才智用于正途，而是厌恶学习，不思上进，到了初中三年级就不想再继续学业。整天忙于工作的家长又对其疏于管教，渐渐地，无所事事的小利和社会上一些纨绔子弟混在一起，为了给自己挣足面子，他经常出入高级餐厅，买各种高档服饰，追求奢华无度的物质享受和"高质量"的生活。久而久之，他便不得不想些办法满足自己无休止的欲望。一个偶然的机会，小利通过网络，了解到了一些关于诈骗犯罪的技巧和手段，于是他便开始有目的地向自己所熟悉的同学、朋友散布虚假信息，以高额利益回报骗取他人钱财供自己挥霍享用。

　　转眼初中就快毕业了，父母眼见他学习无望，只好送他去读了2年的技校，毕业以后只到一家证券公司打了两天工，就闲游在家，继续过着挥霍无度的日子。

　　很快，小利就赶到经济危机了，父母已满足不了他金钱的需要。这时他想起在证券公司打工的那段时间里，很多人为了买股票不惜巨额投资，而一个有效的股票信息更是让很多人不吝啬大把的金钱。于是他决定利用这点，狠狠地敲上一笔，做桩大买卖，以满足自己糜烂的生活。

　　不过以他的那点工作经历，陌生的客户是不会相信他的，他决定向熟人下手。经过几番调查，他了解到自己初中同学的父母炒股很疯狂，而且还没有在他工作过的证券公司开户，不知道他的底细。他认为这是最合适的目标。于是小利很快联系了这个同学，并时常去这名同学家做客，每次去都给同学的父母带些小礼物，并有意无意地透漏些他打探来的股票消息。慢慢地，这对顾家夫妇对小利的印象越来越好，并且十分信任。小利便趁机谎称自己在某证券公司任职，与公司老总相熟，可获得内部消息帮助顾先生夫妇买卖权证股，获得高额收益。一心想靠炒股发财的顾家夫妇很快就相信了他的话。紧接着，小利就以购买权证、追加投资、缴纳税金和管理费等名义，先后多次通过收取现金和银行转账的方法，骗得顾家夫妇170万元。

　　好景不长，没过多久，顾家夫妇就发现事情不对劲，再三向小利催讨自己投入的钱，小利没有办法，不得不归还了其中的10万块钱。但是这远远不及顾家夫妇所投入的，于是二人来到证券公司，小利的谎言被揭穿了。这天，小利在餐馆吃饭的时候，被追寻赶来的顾家夫妇扭送到公安机关，一场骗局才就此落幕。

　　高墙内，小利蹒跚地走向牢房，在那里，他将度过13个春秋，此时的他是否悔不当初，又是否能重塑自己的人生？

假和尚

　　阴历四月十九这天，是佛家的大日子，当地有座著名的风景区，不少人都虔诚地到此处的寺庙烧香拜佛，祈求佛祖保佑自己达成心愿。寺庙门口，人来人往，香客众多。小涛也是这些善男信女其中的一个，当他走到正门处，看到一位僧人模样的人，急忙过去行礼。"阿弥陀佛，这位先生好面善，我法名本善，你我今日见面，是莫大的缘分，不知先生来此祈求何事？"小涛见大师如此礼让自己，不禁心中欢喜。"师傅，不瞒您说，我爱人久病不起，到处看医生，也不见好，没办法，我今天来，想请佛祖帮帮我，保佑我爱人早日康复！""原来是这样，那你今天算是来对了。我学医多年，看好不少疑难杂症，如果相信我，我可以下山去为你妻子看病。"那僧人认真地看着小涛。小涛一听，简直受宠若惊，不过看眼前这位僧人年纪不大，也就是个小和尚，不禁迟疑。本善似乎看出小涛的担忧，便接着说："先生放心吧！我的俗家三代都是中医，我的医术绝对可以信得过。"这句话彻底打消了小涛的担忧，于是他马上将本善高僧请到家中为妻子看病。

　　有的人不禁要说，从来没有听说过寺庙的僧人为人行医看病的。对！这位自称本善的僧人其实是个假和尚。他叫小勇，年仅16

岁，初中毕业后，整天无所事事、游手好闲。一次，他到这个风景区闲逛时，见到不少善男信女到庙里烧香拜佛，顿时心生坏主意：信佛的人一般都比较善良老实，他们的钱应该好骗。于是，小勇剃了光头，假装和尚，还自称法号"本善"，每天在寺庙正门寻找目标。这天终于找到了下手的机会，因此便有了刚刚那一幕。

话说"本善"到了小涛家，假模假式地察看一番后，嘴上说病得不轻，但可以根治，并且药到病除，随后便以买药的名义顺利地从小涛手中骗走人民币3 000元。在此后几个月时间里，小勇分别以治病、建庙、给人办出家手续等名义，骗取小涛及其他受害群众的现金共计1.27万元。法院审理后，依法判处小勇有期徒刑1年，并处以罚金。

禅宗有云："菩提本无树，明镜亦非台。本来无一物，何处惹尘埃。"佛家讲求修身养性，一心向善向上，即使生于浊世，也要出淤泥而不染。可是，就有像小勇那样的一些孩子，所处并非浊世，却混沌无善，将自己淹没于自酿的苦海中。

相关法律知识

诈骗罪在刑法中是犯案手法较多的一种刑事罪，修订后的刑法规定了合同诈骗罪、贷款诈骗罪、保险诈骗罪、信用卡诈骗罪、信用证诈骗罪等十种，正因为它的种类繁多，所以我们要了解诈骗罪，万不可逾越法律的鸿沟。

诈骗罪，是指以非法占有为目的，用虚构事实或者隐瞒真相的方法，骗取数额较大的公私财物的行为。本罪侵犯的客体是公私财物所有权。有些犯罪活动，虽然也使用某些欺骗手段，甚至也追求某些非法经济利益，但因其侵犯的客体不是或者不限于公私财产所有权。所以，不构成诈骗罪。例如：拐卖妇女、儿童的，属于侵犯人身权利罪。诈骗罪侵犯的对象，仅限于国家、集体或个人的财物，而不是骗取其他非法利益。

随着我国的经济发展，改革开放的脚步加快，诈骗罪已然成为经济犯罪领域的"带头羊"。其以波及范围广、危害性强、增长速度

快为特点，令人防不胜防。青少年作为社会的弱势群体，也不可避免地被卷入这一漩涡而不能自拔。

这主要是因为青少年处于青春期，性情容易冲动，而且主观能力弱，易受他人利用，并且受外界环境的影响较大，尤其是抵不住金钱物质的引诱。案例中的小利和小勇就是典型代表，被金钱物质迷住了双眼，在不经意间，就触碰了法律的绳索，导致锒铛入狱的悲惨下场。所以青少年一定要端正自身的主观思想，摆正自身的社会位置，锻炼自身稳重冷静的性格特征，增强法律意识，积极参加社会实践，知道何是有所为，何是有所不为。同时要果断地与社会的黑暗面划清界限，善于保护自己和维护健康的成长生活环境。

三、毒品犯罪篇

如蝼蚁般活着

美艳的罂粟摇曳生姿，烟雾袅袅中，是一具具如蝼蚁般的躯壳，犹如一幅惨烈且富有悲剧情调的油画。深陷的眼窝，消瘦的两颊，佝偻的身躯，不知是游离在灯红酒绿的街市，还是沦陷于灵肉拼杀的战场。滴滴晶莹吞没了海洛因的香味，融化了年少无知的错，汇成一股流，冲刷着地狱般的过往。

身边的故事：

心的迷雾

17岁的小林高中没毕业就辍学在家，和几个朋友在一家酒吧打工。他虽然不愿意学习，但却是个懂事的孩子。父亲去世得早，只有母亲和他相依为命，小林想，早点出来赚钱，母亲就不会那么辛苦了。

小林染上毒品是从一支香烟开始的。酒吧里迷雾样的空气，形形色色的人，让小林充满了好奇。一次，在一位大哥的介绍下，小林抽完了那根香烟，他还不知道，自己已经迈向深渊，无法回头了。此后的几天，小林总想着那根香烟给他带来的那种缥缈的感觉。再次遇见那位大哥时，小林又跟他要了一根。"感觉不错吧！这东西不仅能让你快乐，更是发财的道。"大哥狡黠地透过烟圈，看着小林。此时的他已经顾不上别的，只想享受在云端的感觉。

不到一个月，小林便不可收拾地染上了毒瘾。开始时还不觉得什么，只要一来瘾，就一定要吸上一口，否则就会浑身无力，昏昏欲睡，全身痛痒难耐。可是毒品的价格昂贵，小林家本来就不富裕，根本支撑不起他的毒品需要。

"加入我们吧！亏待不了你！"大哥从口袋里掏出一支烟，边说边递给小林，小林急忙抢过来，哆哆嗦嗦地点燃，很快就陶醉在那片迷雾中。"哥，你说，我需要做点什么？"大哥轻轻一笑，转头走了，因为他清楚，他已经完全俘虏了小林，从这刻起，小林将成为他永远的奴仆。

机场人来人往，小林戴着墨镜，身着风衣，穿梭于人群之中。

"你！站住！"小林一回头，原来是一名警察，也许是因为过于紧张，小林拔腿就跑。

"我跑，是因为你们的人吓着我了！"审讯室里，小林为自己辩解着。民警们根本不理会他的说辞，而是端来一碗面，"吃吧！"小林不知怎么回事，几分钟就把面吃了。凌晨三点多，藏在小林体内的2 000粒病毒全部排出。随后的几天内，利用小林运毒、贩毒的毒枭"大哥"也被警方擒获。

穿上囚衣、铐上枷锁的小林泪流满面，他不知自己竟因为一时禁不起诱惑和唆使，而走上了吸毒运毒这条不归路，他的人生也从此跌入了深谷。铁窗外，含辛茹苦的母亲悲痛欲绝，一阵阵的呼唤烫伤了小林的心。他下定决心将毒瘾戒掉，勇敢地面对自己的错误，他相信总有一天，他会在人生的路上重新站起来。

一封妈妈的信

"亲爱的小伟：

妈妈最爱的儿子，在你看到这封信的时候，妈妈也许已经不在你身边了。我不知道自己的决定是否正确，但是我知道也许唯有血的代价才能真正唤醒你，才能让你回到从前的模样。

小伟，你以前是那么健康聪明，活泼向上，老师同学都喜欢你，你一直都是妈妈的骄傲。可是，就是那可怕的毒品，把我的小伟夺走了。那天晚上，从你的书包里发现那包白色的粉末时，我感觉天旋地转，仿佛天要塌了。在3年前你爸爸弃我们而去后，我们相依为命，你一直是我全部的希望。有你，我就有活下去的勇气和动力，可如今，那包白色的粉末让我不知该怎么办。从那天起，我几乎不上班，整天地跟着你，看着你和那些不三不四的孩子鬼混在一起，肆意地吸食着毒品，甚至还进行毒品交易。我的心都快碎了。孩子，你才15岁，你知道这是犯法的吗？你知道这是一条死路吗？看着日渐消瘦、萎靡不振的你，我打过你，骂过你，把你锁在家里，任由你毒瘾发作，你知道我看到你抽搐倒地，我恨不得代你去受这罪。我想过把你送到戒毒所，可是我舍不得，我想自己照顾你，但是你还是受他们蛊惑，继续吸毒。

家里唯一的存款，我知道是被你偷拿走了。儿子，你知道自己在做什么吗？我整日都在想，我应该怎么做才能将你从深渊拉上来。难道我要亲手把你送到警察那里去吗？

昨天，我在阻拦你的时候，你对我大吼：除非你死了，我就再也不吸毒了！儿子，你认为妈妈怕死吗？妈妈是舍不下你，可是，如果真要有一个人为你所犯的错偿命，妈妈愿意去。也许只有我死了，你才真的会知道错，才会真的醒悟。儿子，妈妈在天堂会祝福你，愿你早日脱离毒品的魔爪，重新开始自己的人生。"

　　小伟在审讯室里读着妈妈的信，正确的说，是遗书。因为他的妈妈为了让小伟戒毒，在家割腕自杀了。警方赶到时，已经来不及抢救。小伟泣不成声，顿足捶胸，但是也无法挽回什么了。他后悔当初认识了那些社会人，后悔自己禁不住诱惑吸食了毒品，后悔自己没听妈妈的话，害得母亲用生命作为挽回自己的条件。这时的小伟唯一的选择就是遵照母亲的遗愿，重新找回自己。他对自己所犯的罪供认不讳，随后主动申请去了戒毒所，小伟表示坚决要戒掉毒瘾，从此改过自新，不辜负母亲对自己的希望，让她泉下有知，得以安息。

　　毒品，毁了一个少年，毁了一个家庭，可是还是有那么多的人相继走上这条不归路。为了不要再上演如此惨剧，我们应该同心协力，抵制罪恶，远离毒品。

相关法律知识

　　毒品是全人类的敌人，而在世界各地的吸毒人群中，青少年占有很大的比例。个别地区甚至高达80%！更令人担忧

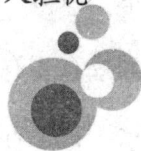

的是，世界各地，包括中国的某些地区，在校中小学生的吸毒者比例亦越来越高。青少年吸毒，不但对其本人的身心健康造成了严重的危害，严重干扰了学校正常的教学秩序，而且对社会的危害也是难以估计的。青少年一旦吸毒成瘾，随之而来的就是偷、抢、拐、骗甚至卖淫等犯罪活动的出现。远离毒品，珍爱生命。我们必须要知道什么是毒品，什么是毒品犯罪。

根据《刑法》第357条的规定：毒品是指鸦片、海洛因、甲基苯丙胺（冰毒）、吗啡、大麻、可卡因以及国家规定管制的其他能够使人形成瘾癖的麻醉药品和精神药品。其中鸦片、吗啡、海洛因、冰毒是比较常见的几种毒品。鸦片，又叫阿片，俗称大烟，源于罂粟植物蒴果，其所含主要生物碱是吗啡，最初是作为药用。吗啡是鸦片（阿片）中最主要的生物碱，从鸦片提取而成。纯净的吗啡为无色或白色的粉末或结晶。粗制吗啡称为"黄皮"。吗啡的成瘾性很

强，海洛因、杜冷丁、美沙酮等都是吗啡的衍生物。海洛因是吗啡的半合成品，化学名称叫二乙酰吗啡，呈灰白色粉末状，也就是人们所说的"白粉"、"白面"，被称为危害人类的"白色瘟疫"。冰毒和摇头丸一类都属于兴奋剂，是加速和增强中枢神经系统活动，使人处于强烈兴奋具有成瘾性的精神药品。

随着毒品的蔓延，单纯幼稚的未成年人一旦染上吸毒的恶习，身体健康就会受到极大的伤害，乃至危及生命。所以青少年应该认清毒品对身体的危害性，无论是海洛因还是摇头丸，其毒性都是抑制人的神经中枢，一旦成瘾，身体会对其产生严重的依赖，最后只有死路一条。

毒品犯罪是指涉及毒品的犯罪，我国刑法规定，走私、贩卖、运输、制造、非法持有毒品均为犯罪行为。毒品犯罪主要包括走私、贩卖、运输、制造毒品罪，非法持有毒品罪，包庇毒品犯罪分子罪，窝藏、转移、隐瞒毒品、毒赃

罪，走私制毒物品罪，非法买卖制毒物品罪，非法种植毒品原植物罪，非法买卖、运输、携带、持有毒品原植物种子、幼苗罪，引诱、教唆、欺骗他人吸毒罪，强迫他人吸毒罪，容留他人吸毒罪，非法提供麻醉药品、精神药品罪。走私、贩卖、运输、制造毒品，无论数量多少，都应当追究刑事责任，予以刑事处罚。

毒品犯罪的量刑：《刑法》第347条对本罪规定了以下几个处刑幅度：走私、贩卖、运输、制造毒品，无论数量多少，都应当追究刑事责任，予以刑事处罚。走私、贩卖、运输、制造毒品，有下列情形之一的，处15年有期徒刑、无期徒刑或者死刑，并处没收财产：（1）走私、贩卖、运输、制造鸦片1 000克以上、海洛因或者甲基苯丙胺50克以上或者其他毒品数量大的；（2）走私、贩卖、运输、制造毒品集团的首要分子；（3）武装掩护走私、贩卖、运输、制造毒品的；（4）以暴力抗拒检查、拘留、逮捕，情节严

重的；（5）参与有组织的国际贩毒活动的。

走私、贩卖、运输、制造鸦片200克以上不满1 000克、海洛因或者甲基苯丙胺10克以上不满50克或者其他毒品数量较大的，处7年以上有期徒刑，并处罚金。走私、贩卖、运输、制造鸦片不满200克、海洛因或者甲基苯丙胺不满10克或者其他少量毒品的，处3年以下有期徒刑、拘役或者管制，并处罚金；情节严重的，处3年以上7年以下有期徒刑，并处罚金。单位犯第二款、第三款、第四款罪的，对单位判处罚金，并对其直接负责的主管人员和其他直接责任人员，依照各该款的规定处罚。利用、教唆未成年人走私、贩卖、运输、制造毒品，或者向未成年人出售毒品的，从重处罚。对多次走私、贩卖、运输、制造毒品，未经处理的，毒品数量累计计算。

值得一提的是，由于国家对毒品的管理非常严格，已满14周岁不满16周岁的未成年人单独从事毒品犯罪的情况很少

见，绝大多数情况下都是与成年人一起贩毒，并且往往被当作犯罪工具使用，在贩毒活动中所起作用也很有限，其本身就是受害者。因此，有的学者认为虽然我国法律规定年满14周岁者对贩卖毒品就应该承担刑事责任，但是在毒品犯罪中，刑法的惩治重点应在于打击利用、教唆未成年人实施犯罪的成年人，而并非将矛头指向本身也是受害人的未成年人。

毒品的危害，我们从上述的案例中就可以窥见一斑。毒品不仅令孩子们自伤、自残，甚至自杀，更会使青少年们的家庭受到牵连，轻则倾家荡产，重则家破人亡，而且毒品会诱发各种严重的刑事犯罪，对社会造成巨大的影响。

青少年好动感情，易冲动，支配他们情绪的是事物的新奇性、趣味性和刺激性，而且在行为上具有模仿性、冲动性、逆反性等特点，在这多方面条件和因素影响下均有可能加入吸毒洪流。再则，当前的一些毒品犯罪分子为了扩大市场，有意拉拢、腐蚀青少年。

开始时，他们会让青少年感到热情和友善，可一旦被毒品击中，他们就会露出狰狞的面目，使我们青少年他们的替死鬼、摇钱树。所以我们要汲取案例中的教训，面对复杂的社会，自己要好好把握。

除此之外，青少年的父母及其监护人也应该有责任保护未成年人，以防他们堕于毒品的深渊。父母应该长期观察子女的行为及交友情况，禁止他们与吸毒、贩毒人员来往。引导子女参加文艺体育等有益的健康活动，帮助子女从心理上彻底摆脱毒品的诱惑。

生命是我们自己的，我们要用自己的勇气和信念去捍卫它，保护它，为它营造一片明媚和绿色，让它以顽强的成长抵挡厄运和毒品的侵蚀。

四、赌博犯罪篇

莫拿青春做赌注

支离破碎的伤，走投无路的痛，是被笼罩在赌博这张大网下的人们亲身的感悟。小赌怡情，大赌乱性，怎一个贪字了得？一掷千金的赌桌上，输掉的不仅是尊严，是青春，是生命，更惨痛的筹码是枷锁下的岁月，是铁窗背后的痛心疾首。关爱自己，珍惜阳光下的美好，让那些阴霾在法律的重击下，烟消云散吧。

身边的故事：

网上的赌桌

小鹏第一次玩电子游戏机是从小学开始的。一次暑假，去镇里的外婆家玩，舅舅给了他几个硬币。投入硬币就会赢得玩具，这让小鹏觉得很兴奋。这次以后，小鹏便像有了毒瘾一样，隔三差五光顾游戏厅，先是玩些简单的游戏，后来竟迷上了跑马机，以至于他上了初中也常常旷课去玩电游。就这样好不容易终于熬到了初中毕业。

这几年的游戏生涯耗尽了小鹏全部零用钱，只要有几块钱，他就要拿去试下手气。不久，为了来钱快，几经考查，小鹏和好朋友昕昕发现有很多人在网上轻松赢钱，于是他们在互联网上注册QQ和通吃游戏的账号，想利用QQ进行赌博活动。可是他们不清楚的是，这是网络赌博犯罪的一种方式，是一条通往牢狱的路。

小鹏和昕昕通过QQ签名和通吃账号的昵称栏，注明收售"扎啤"的广告及联系电话。他们向玩家承诺回收赌博中赢取的"扎啤"。随后，他二人通过手机向玩家发送银行卡短信，并教授一部分玩家赌博的方法，组织了十几个人使用"扎啤"参与通吃游戏，并且以"牛牛"、"梭哈"等形式进行赌博，然后通过向玩家收售"扎啤"从中获利。

在回收"扎啤"过程中，小鹏和昕昕让玩家在游戏平台中的某个房间将自己要出售的扎啤一次性押注，以此将"扎啤"全部划到被他们通吃的游戏账户中，同时通过网上银行转账的方式，将现金支付给参赌人。在赌博期间，小鹏他们使用银行的网上账户，累计向玩家支付十多万元人民币，并将收购的"扎啤"全部销售给玩家用于网络赌博。

小鹏和昕昕惊喜若狂，觉得自己干了一桩大买卖，从此就可以成为有钱人，过着衣食无忧的生活。至于这种做法是否已触犯法律之类，根本不在他们的考虑中，他们只是一味地享受这份"赢来"的喜悦。

逮捕他二人是两个月之后的事。由于他们的行为愈演愈烈，所涉及的款项越来越多，公安机关进行立案侦查，不费吹灰之力，就在网吧将他们抓获。他们不明白，自己的做法达到很严重的程度了吗？竟然触犯了法律？当民警们把法律条文讲给他们时，小鹏和昕昕只剩沉默。

无知和贪婪让两个年轻人套上了枷锁，在享受赌博所带来的快乐时，他们没发现，输的时候多，赢的时候少吗？

少年赌棍

稀稀落落的麻将声，一直在明明的耳边响不停。明明在9岁时就会打麻将了，只要指肚摸一下牌，他就知道摸的是什么牌。在朋友中，明明小有名气，被大家称为"赌圣"。

有一次，学校开展未来职业意向调查，明明竟然在"工作意向"一栏中填上"做个有名的赌圣",在"自己想学什么"一栏中,他填的是"赌钱的技术"。在明明看来,自己是天生的赌博胚子,自己在这一行,一定能干出一番事业。

在这番思想的指引下,明明顺理成章地成为当地赌场的常客。初中毕业,他干脆不再上学,整日泡在赌场里,为他未来的职业"奠定基础"。开始的时候,明明总会赢一些钱,可越往后,输得越多,最后基本没赢过。明明平日在朋友中都被追捧惯了,这样的局面让他丢尽面子。他发誓,要把钱赢回来,挽回之前的"赌圣"形象。

为此,明明绞尽脑汁,四处拜师学艺,平日在家勤学苦练,希望能练就一身赌术,驰骋赌场,无人能敌。几个月下来,明明多少有了点"小本领"。这下明明得意起来,肆无忌惮地游走于各个赌场,可是人有失手,马有失蹄,由于赌术还不是很精湛,明明多次被赌场人员发现出老千,轻则赶出赌场,重则拳打脚踢。

明明的这种以赌博所得为经济来源的行为已经触犯了法律,构成了刑事犯罪,并且他的年龄已经可以承担刑事责任了。在一次警方集中剿灭黄赌毒的行动中,明明落网了。

让人震撼的是,连同明明在内,共有二十多个青少年因为聚赌被抓。无可厚非的是,这些少年赌棍必将受到法律的严惩,而这些孩子们留下的教训是值得发人深省的。很多人认为赌博是诱因,是罪魁祸首，可是家庭、学校、社会是不是也该承担一些教育失职的罪责呢？

拿青春做赌注

小祥、小辉和小旭初中没毕业，便大摇大摆地做起生意。三个人整天夹着公文包，穿得整整齐齐，出入于一家旧快运公司。偶尔回到学校，当上老板的他们不禁惹来其他的同学的啧啧赞叹。

不过大家都感到奇怪，几个初中生能做什么买卖呢？直到小祥他们几个被警察逮捕那天，事情才真相大白。原来，小祥、小辉和小旭3个由于对学习没有丝毫兴趣，加上家里富足，便整日在社会上游逛，渐渐3个人迷上了赌博，觉得赌博来钱快，如果手气好，一天能赚三四百。有心机的小辉还发现，其实开设赌场的人更赚钱，不用费什么力气，也用不着什么本金，每天就有进账。于是3个人商量后，干脆合伙开一家赌场，自己也尝尝当老板的滋味。说到做到，几人马上付诸行动。先是在本市一家大市场的快运公司二楼租了个小屋，之后，3个人从家里连骗带偷地凑了五万多元钱作为本金，便开始一本正经地做起了买卖。他们先后召集了二十多人来此赌博，大多是十五六岁的孩子，小旭负责按照3分的利为参与赌博的人提供赌资，小祥和小辉则是负责宣传、招揽生意，赌博结束后，他们几个人从中抽取渔利。

赌场经营了两个月，生意还算不错，偶尔有其他地头蛇过来滋事，都被3个人拿钱填过去了。本以为会越来越好，谁知终究难逃法律的制裁。

小详、小辉、小旭3人因聚众赌博，并向他人提供赌资，从中抽头渔利，已经涉嫌赌博罪，但鉴于3人认罪态度较好，有悔罪表现，依法减轻了处罚，不过有道是：聚众赌博敛财梦碎，铁窗伴三人渡青春。这场用青春做赌注的买卖必然夭折于法网中。只是，3个年轻的孩子就此扼杀了自己还未绽放的一生。

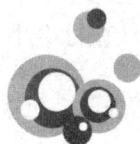

相关法律知识 ·····································

现今的社会，赌博风气盛行，从农村到城市，赌博都具有普遍性。在这样的氛围里，青少年很容易沾染赌博这一不良嗜好。输了，不甘心就一再沦陷，赢了，就贪念溅起，不劳而获的心思越来越重，逐渐沉沦于其中。更严重的是，很多青少年为了赌金，不惜铤而走险，轻易地从赌博行为过渡到赌博犯罪或是其他刑事犯罪。所以在此，我们必须清楚什

么是赌博犯罪，它和普通的赌博行为以及诈骗罪、抢劫罪的区别。

赌博犯罪，在客观方面表现为聚众赌博或者以赌博为业的行为。所谓聚众赌博，是指组织、招引多人进行赌博，本人从中抽头渔利。这种人俗称"赌头"，赌头本人不一定直接参加赌博。所谓以赌博为业，是指嗜赌成性，一贯赌博，以赌博所得为其生活来源，这种人俗称"赌棍"，只要具备聚众赌博或以赌博为业的其中一种行为，即符合赌博罪的客观要件，并且凡达到法定刑事责任年龄且具备刑事责任能力的自然人均能构成本罪。

赌博犯罪的量刑：根据《中华人民共和国刑法》第303条规定："以营利为目的，聚众赌博或者以赌博为业的，处三年以下有期徒刑、拘役或者管制，并处罚金。开设赌场的，处三年以下有期徒刑、拘役或者管制，并处罚金；情节严重的，处三年以上十年以下有期徒刑，并处罚金。实施赌

博犯罪，有下列情形之一的，依照刑法第三百零三条的规定从重处罚：（一）具有国家工作人员身份的；（二）组织国家工作人员赴境外赌博的；（三）组织未成年人参与赌博，或者开设赌场吸引未成年人参与赌博的。"

赌博如一股飓风将数以千计的少年席卷入内，腐蚀孩子们的内心，有许多孩子就像案例中讲的那样，在法律知识匮乏的情况下，走进了牢狱的大门，悔已晚矣。所以我们要将赌博进行到底，坚决扼杀这一强劲的犯罪诱因。那么作为我们青少年，应该如何抵制，如何远离这个杀人不见血的恶魔，如何为自己的健康快乐赢得一份阳光呢？

首先我们要增强自控和独立思考的能力，明白沉迷赌博的害处，不要把赌博看成敛财的手段。其次，"好奇害死猫"，如果好奇心重和好胜心强，这会增加以赌为乐，直到误入歧途的几率。所以稳重冷静的头脑，是青少年所要拥有的。再者，要彻底消灭贪欲和不劳而获的错误想法，没有人可以不靠自己的努力而发家致富，更没有人会因为贪欲而成为成功人士。所以青少年要坚定立场，有主见，不要盲目地模仿从众，并及时弥补人格缺陷，同时更要学法，知法，懂得用法律武装和保护自己。

五、拾起青春的落英
——青少年犯罪原因及预防

　　青少年正处于人生的十字路口，面临很多选择和转弯。在这种情况下，难免会出现偏差，呈现畸形发展，甚至会逾越法律，直至走向牢狱。近年来，青少年犯罪率呈直线上升，尤其是恶性刑事犯罪案件，数字触目惊心，让我们不得不引以重视。那么青少年为什么会走向犯罪的深渊，我们应该怎样做才能避免不良后果的发生呢？

　　青少年犯罪原因：在上述对案例的分析过程中，我们已经对犯罪原因有了一些概括，总结为以下几点。

　　1. 主观方面。青少年因其生理和心理诸因素都处于"变化活跃期"也可以说是"热变化"状态，加上其生活经历也比较简单，所以会出现要不冲动要不抑郁两种极端。表现在具体问题上，青少年遇事不冷静，易受金钱物质的引诱，判断力弱，在他人挑唆下，价值观会发生扭曲。这些都是极易导致犯罪的内在原因。

　　2. 客观方面。（1）通过以上的案例，不难看出，家庭是与孩子的生活联系最为密切的。所以孩子出现问题的主要原因很大一部分是来自家庭。家境的窘困，父母不合或是离异，不良的家庭教育都会使青少年失去心理上的温暖，从而变得冷漠无情，有的甚至用极端的方式去寻求保护和安全感。（2）学生大部分时间在学校里，可是现行的学校教育体制不注重德智的发展，缺乏对青少年的法律教育、性教育，教育结构单一化、教育内容和方法单一化，而且由于追求升学率等，使学生两极分化严重，导致很多孩子辍学，离开学校，这也是犯罪的一个前提因素。（3）学生因为家庭或是学校的原因，提早步入社会，而社会这个大讲堂并没有给孩子提供一个优良的成长环境。不良的社会风气，各种不讲文明、无视法纪的行为，全部映在青少年眼中，无意识地模仿使孩子过早地加入犯罪队伍。

了解了青少年犯罪原因，还要对此加以预防。首先，国家要通过立法，对青少年实施强有力的保护，用法律的武器捍卫青少年的权利。其次，要为孩子上好人生第一课。家庭是青少年最温暖的巢穴，只有在那里，孩子才能放松身心，所以预防青少年犯罪不仅要抓青少年的不良行为，而且要抓家长对子女的不良影响，只有这样才能使青少年健康成长。再次，学校是培养人才，是青少年扬帆起航的重要地方，抓好学校教育，意味着减少青少年犯罪的危险人群。学校教育在立足文化知识学习的基础上，要强化德智体全面发展，而且要摒弃教学歧视和厚此薄彼，坚持公平平等对待每一个学生。还有，要堵塞各种污染青少年的渠道，青少年意志弱，比成年人更加会受外界影响，所以，要消灭各种可能引诱青少年犯罪的不良因素。

青少年走入歧途，沦为阶下囚，是一种严峻的社会形势，它是家庭、学校、社会相交错下的综合体。所以在解决这个问题上，同样需要三者齐心合力。同时，我们不但要治标更要治本，作为青少年，也要自强自立，学会自我保护，洁身自好，主动远离社会不良因素，为自己争取纯净的成长环境和发展天空。

附:

关于未成年人刑法量刑问题

随着我国未成年人犯罪率的上升，我国法律虽然在某种程度上对青少年法外施恩，但是从上述在各种罪罚的量刑上，可以看出，严重的惩处并非只针对年满18周岁的人群，对于年满14周岁或16周岁，法律都有相应不同的规定。在此，我们进行简单地梳理。

根据我国《刑法》第17条第2款规定：已满16周岁的人犯罪，应当负刑事责任。已满14周岁不满16周岁的人，犯故意杀人、故意伤害致人重伤或者死亡、强奸、抢劫、贩卖毒品、放火、爆炸、投毒罪的，应当负刑事责任。已满14周岁不满18周岁的人犯罪，应当从轻或者减轻处罚。因不满16周岁不予刑事处罚的，责令他的家长或者监护人加以管教；在必要的时候，也可以由政府收容教养。

关于死刑，《刑法》第49条规定，犯罪的时候不满18周岁的人和审判的时候怀孕的妇女，不适用死刑。对未成年人不适用死刑是指即使比照法定刑从轻或减轻处罚后应判死刑，也不能宣告死刑。因此，即使法定刑是死刑，未成年人犯罪也可以在法定刑的基础上从轻或减轻处罚，因此无期徒刑可以成为对未成年人实际判处的最高刑罚。

关于无期徒刑，1989年11月20日在第44届联合国大会上通过的联合国《儿童权利公约》第37条明确规定："对未满十八岁的人所犯罪行不得判以死刑或无释放可能的无期徒刑"。我国已经批准该公约，有义务履行国际公约的规定。此《公约》并没有规定对未成年人绝对不能适用无期徒刑，而只是规定不能适用无释放可能的无期徒刑，也就是说，对于通过假释、减刑等刑罚执行制度而有释放可能的无期徒刑，对未成年犯罪人是可以适用的。最高人民法院发布的《关于审理未成年人刑事案件具体应用法律若干问题的解释》第13条明确规定，"未成年人犯罪只有罪行极其严重的，才可以适用无期徒刑。对已满十四周岁不满十六周岁的人犯罪一般不判处无期徒刑"。这里所谓的"罪行极其严重"表现在主体身份和主观恶性上，要求只有对年龄比较接近18周岁，思想和责任能力都较为固定，而且较难接受教育改造的未成年人，才可以考虑判处无期徒刑；表现在犯罪性质上，要求只有对暴力性危害他人生命健康并且造成严重后果的犯罪才可以考虑适用无期徒刑，而对于以非暴力手段实施的严重危害社会秩序的犯罪行为，不能适用无期徒刑，等等。